法学教育近代化的地方实践

四川大学法学教育史略

刘昕杰　主编

四川大学出版社
SICHUAN UNIVERSITY PRESS

项目策划：王　冰
责任编辑：王　冰
责任校对：毛张琳
封面设计：青于蓝
责任印制：王　炜

图书在版编目（CIP）数据

法学教育近代化的地方实践：四川大学法学教育史
略 / 刘昕杰主编 . — 成都：四川大学出版社，2022.4
　ISBN 978-7-5690-5417-0

　Ⅰ．①法… Ⅱ．①刘… Ⅲ．①四川大学－法学教育－
教育史 Ⅳ．① D90

　中国版本图书馆 CIP 数据核字（2022）第 059398 号

书名　法学教育近代化的地方实践：四川大学法学教育史略
FAXUE JIAOYU JINDAIHUA DE DIFANG SHIJIAN: SICHUAN DAXUE FAXUE JIAOYU SHILÜE

主　　编	刘昕杰	
出　　版	四川大学出版社	
地　　址	成都市一环路南一段 24 号（610065）	
发　　行	四川大学出版社	
书　　号	ISBN 978-7-5690-5417-0	
印前制作	四川胜翔数码印务设计有限公司	
印　　刷	四川五洲彩印有限责任公司	
成品尺寸	148mm×210mm	
插　　页	1	
印　　张	7.25	
字　　数	156 千字	
版　　次	2022 年 5 月第 1 版	
印　　次	2022 年 5 月第 1 次印刷	
定　　价	48.00 元	

四川大学出版社
微信公众号

目　录

序编

第一章　四川大学法学教育史略

清末民初，时值中西文化交汇，中国传统文化面临社会转型，教育制度也随之发生巨变。新政之前，中国的教育职能主要由家庭（家族）负责，礼部、学政和教谕（儒学教官）等教育机构的主要功能是组织科举考试、举行祭孔仪式并以此来推行儒家教化。即使是相对独立的书院，也逐渐演变为科举"培训班"，这在清代尤为明显。① 1901 年，清廷颁布了"兴学诏书"，提出"兴学育才，实为当务之急"，并要求"除京师大学堂应切实整顿外，着各省所有书院，于省城均改设大学堂，各府厅直隶州均设中学堂，各州县均设小学堂，并多设蒙养学堂"②。1902 年清廷颁布《钦定学堂章程》，提出建立学堂和国民通识教育体系。至此，改私塾为学堂，建立具有现代意义的新式大学，成为当时教育领域里的主要现象。清末教育制度的变革促进了西方近代自然科学和人文社会科学在中国的传播，作为与清末政体变革最为相关的学科，法学教育也随着时局的

---

① 干春松：《制度化儒家及其解体》，中国人民大学出版社，2003 年版，第 227 页。

② 朱寿朋：《光绪朝东华录》，中华书局，1958 年版，第 5676 页。

需要而兴盛起来。

一、源起（1906—1911）

四川大学的法学教育滥觞于清末新学兴起之时。新学堂建立不久，鉴于时局紧迫，清廷希望在短期内提升官吏水平，1901 年 11 月 4 日，袁世凯上奏光绪帝，称"时艰方亟，需才孔殷，而学堂收效尚迟，目前断难济用。况昔人有言，变士习易，变仕习难，造就吏才，尤为急务……拟请京师设立课官院，各省分设课吏馆……按期认真扃试，试以策论……使贤能愈切奋兴，不肖亦知愧勉，庶人人讲求经济，砥砺学修，皆得成材而资任用，借副圣朝图治作人至意"①。1902 年，光绪谕旨要求"自道府以至州县，凡初到省……其尚堪造就者，均令入课吏馆，讲习政治法律一切居官之要，随时酌予差委，以觇其才识"②。于是各省开设课吏馆并重视对官吏法律、政治知识的培养。1904 年，清廷拟订各省政治速成科办法，令各省在旧设课吏馆内设立政治速成科。翌年夏，修订法律大臣伍廷芳、沈家本奏请于各省课吏馆设立仕学速成科，以培养实行新政所需要的法政人才。学部议复伍、沈二大臣的奏片，曰："查各省课吏馆业经遍设，尚无专习法律一门。近日直隶议设法政学堂，所列科目颇为详备，与该大臣等所拟办法相合，于造就已仕人才

---

① 袁世凯：《设课吏馆片》，载天津图书馆、天津社科院历史所：《袁世凯奏议》，天津古籍出版社，1987 年版。

② 朱寿朋：《光绪朝东华录》，中华书局，1958 年版，第 4863—4864 页。

佐理地方政治，深有裨益。"① 故各省纷纷取法直隶法政学堂章程，参酌各地情形，或在课吏馆办理仕学速成科，或直接设立仕学馆，比较著名的有湖南在 1904 年成立的湖南省仕学馆②。

四川在 1903 年开办了课吏馆，依当时形势，由四川各地选派现职的司法官员入馆学习内政、司法之课程③，后仿湖南例专设仕学馆造就具政法知识的地方官僚。1905 年四川总督锡良派人赴日考察近代教育后，责成提学使方旭、候补道周善培在原仕学馆的基础上创办四川法政学堂。

1906 年 8 月，四川法政学堂成立，该年"川省仕学馆开办已及半年，近奉部章改为法政学堂，考取正佐各 30 员，入堂肄习，以两年为毕业"④。四川法政学堂初分"官班"和"绅班"，官班为有科举功名和世家阀阅的人而设立，地址初设在成都皇城贡院西偏，后迁总府街内务司旧署。绅班主要招收无功名的士绅及其子弟，地址在五世同堂街财政旧署。⑤ 两班虽由学堂监督（即校长）统一管理，但实际相互独立。四川政法学堂第一任监督是邵从恩。法政学堂设别科和讲习科，学制两三年不等，开设的主要法学课程有大清律例、大清会典、法

---

① 《学务大臣议复专设法律学堂并各省课吏馆添设仕学速成科折》，载《大清法规大全》第 15 册。

② 《湖南仕学馆章程》，载《东方杂志》1904 年第 8 期。

③ 四川省地方志编纂委员会：《四川省志·哲学社会科学志》，四川人民出版社，1998 年版，第 206 页。

④ 《各国教育汇志》，载《东方杂志》第 3 卷第 12 期。

⑤ 四川大学校史办公室：《四川大学史稿》（第一卷），四川大学出版社，2006 年版，第 44 页。

学通论、民法、国际公法、国际私法、商法、刑法、行政法、宪法泛论、城乡地方自治章程、法院编制法等。

此时的宪政编查馆咨行各省法政学堂，要求刊行校外讲义，以期推广法政知识，造就有用人才。四川法政学堂亦以"购阅校外讲义者称法政学堂校外学员"，四川法政学堂聚集专家，"详定体例，举近日最切要最新之法政学说，草为校外讲义，月出二编，刊行全省，期与我僚属我士民研习而共勉焉。其有研精覃思寻绎有得者，且将按其成绩给以证书"。校外讲义之学科包括法学通论、民法总则、物权、债权、刑法全部、宪法泛论、行政法、商法总则及会社、民事诉讼法、刑事诉讼法、裁判所构成法、平时国际公法、战时国际公法、国际私法、政治学、财政学、经济学、统计学、警察学、监狱学、地方制度、西洋史、世界地理等，仅就学科名目而言，堪与法政学堂内各学员所习科目相比肩。这套校外讲义凡 30 余册，以 3 学期（一年半）为毕业。凡四川现任实缺署事及有要差正佐各项人员，除曾习法政毕业者外，均可购领自行修学。此类校外学员于讲义内有不了解之处，可随时致书法政学堂询问；且学员于每学期须将所圈阅的讲义及研究心得作为笔记，寄送法政学堂核验。如修学 3 学期满，可报名参加考试，合格者由法政学堂发给校外卒业证书。① 透过这种方式，实施学堂外的法

---

① 程燎原：《清末法政人的世界》，法律出版社，2003 年版，第 125—126 页。

学教育，普及法政知识。

随着预备立宪活动的展开，特别是地方自治的筹备和运行，"法政学员，人数甚众。1909 年，四川官立法政学堂官班约 170 名，绅班约 240 名"，舆论称"四川法学，可谓发达极矣"①，可见当时法政学堂法学教育之影响。至 1910 年，法政学堂绅班在校学生达 467 人，居当时四川五大专门学堂（后发展为四川大学前身的五大公立专门学校）之首，教师 22 人，主要有李德芳（法学通论）、陈润海（大清律例）、李光珠（刑法）、周择（经济学、财政学）、叶秉诚（世界历史）、龚道耕（大清会典）、孔庆余（国际公私法）、郑鸿基（民法）、刘天佑（政治学、行政法）、沈宗元（算术）、程莹度（法院编制法）、周常昭（商法）、覃育贤（宪法）、陈崇基（民法）等，皆为当时的知名人士。学堂固定资产 23856 两，年经费 15921 两，房舍和操场占地 178600 方尺。②

四川法政学堂的法学教育受日本影响极深，除中国古典法律文献外，学堂授课大多数采用日本教材，仿照日本法学教育模式，并聘用日本留学回国人员执教，传授大陆法系的法学观点。除第一任监督兼教员邵从恩系留学日本外，学堂教务长李德芳，教员丁傅绅、孔庆余、周代本、黄毓兰、黄赞元、覃育贤、屠文溥、张知竞、熊兆渭、胡锡璋、程莹度、周择等人均

---

① 《法政学堂发达之一斑》，载《申报》1909 年 12 月 15 日。

② 四川大学校史办公室：《四川大学史稿》（第一卷），四川大学出版社，2006 年版，第 45 页。方尺即平方尺，1 平方尺≈0.11 平方米。

为日本法政大学或日本明治大学毕业。

二、并校（1912—1931）

辛亥革命后，旨在为清廷培养政法人才的四川法政学堂失去政治基础，因此官班与绅班合并，于 1912 年成立四川法政学校，驻绅班原址。1914 年后，四川省立专科以上学校实施新的定名运动，1915 年 1 月四川法政学校改称四川公立法政专门学校，设政治、法律和经济三科。其时的法学教育学制多样，有本科（三年）、别科（三年，专为年龄大、国学基础好者开办）、预科（一年）和补习班别科（不限学年），教学规模不断扩大。

四川公立法政专门学校的学生数和教师数均居当时的五大公立专门学校之首，1917 年该校有教职员 40 人，年经费 31000 两，固定资产 41000 两。从 1906 年到 1915 年，共有 2100 多名学生毕业，平均每年 210 名，多则 300 名。[①] 其时的校长和教员都是当时法政界知名人士，1912—1917 年内的三任校长邵从恩、印焕门和颜楷均留学于日本。其中颜楷在辛亥革命时担任保路同志会干事长，入民国后辞高官不受，有"恂恂儒者，乃见义则大勇"[②] 之誉。1917 年前后在该校任教的主

---

① 四川大学校史编写组：《四川大学史稿》，四川大学出版社，1985 年版，第 39 页。

② 中国人民政治协商会议四川省成都市委员会文史资料研究委员会：《成都文史资料选辑》（第 1 辑），中国人民政治协商会议四川省成都市委员会文史资料研究委员会，1981 年版，第 168 页。

要教员有陈崇基（商法、民法）、盛宗培（刑事和民事诉讼法、公司条例）、李德芳（法学通论、民法概论）、沈仲荧（民法物权）、谢盛堂（民法债权、刑法总论）、覃育贤（比较宪法、国法学）、陈国华（行政法）、罗学洙（商法）、衷冀保（国际公法、外交史）、沈翰（商事条例）、李辟（货币论、经济学）等。学校课程基本按照当时教育部要求开出，相当一部分讲义是自己编写的，1918 年法律科开设了宪法、行政法、罗马法、刑法、民法、法制史、商法、刑事诉讼法、国际公法、财政学、破产法、民事诉讼法、国际私法、法院编制法等课程。①

五四期间，四川公立法政专门学校的学生积极参加学生运动，校长熊晓岩还主持了有四川 60 余所高校的 6000 余名学生和各界人士一万多人参加的成都"学界外交后援会成立大会"，响应北京学生运动。四川公立法政专门学校的学生孙少荆创办了五四期间的著名进步刊物《星期日》。

1927 年上半年四川公立法政专门学校连同四川公立外国语专门学校、四川公立农业专门学校、四川公立工业专门学校、四川公立国学专门学校五大专门学校相继提请成立单科大学。但按当时《国立大学校条例》规定，三科（院）以上始得称大学，遂未办成。该年 8 月，由省长公署和教育厅召集多次会议，决议由五大专门学校合并改组成公立四川大学，并经省长公署

---

① 四川大学校史办公室：《四川大学史稿》（第一卷），四川大学出版社，2006 年版，第 59 页。

及大学院立案。四川公立法政专门学校即成为公立四川大学的法政学院，刘昶育任第一任学长（即院长），其后周馥昌继任院长。1931 年公立四川大学、国立成都大学和国立成都师范大学三校合并组建国立四川大学。国立四川大学法学院随之成立。

三、繁荣（1932—1951）

1931 年国立四川大学成立后，张澜推荐王兆荣任第一任校长。王兆荣在三校院系基础上重新调整院系设置。至 1933 年，四川大学下设文学院、理学院和法学院，法学院包括法律系、政治系和经济系。1932 年学校临时行政会议任命熊晓岩为法学院院长，次年熊晓岩因病辞职，四川大学学校秘书长吴君毅被兼聘为法学院院长，谢盛堂任法律系主任。

1935 年任鸿隽被当时的教育部任命为四川大学校长，任鸿隽在任期间，以"现代化""国立化"的目标实施校务改革。在人事上新聘了大量省外的知名学者任法学院教授，最初选定时任国立武汉大学法学院院长的燕树棠担任四川大学法学院的院长，后燕因故未履任，改由南开大学教授、著名政治经济学家徐敦璋担任，法律系的主要教授有谢盛堂、王翰芳、龙维光、裘千昌、胡恭先、罗彦辉等。其中胡恭先系西昌礼州人，1927 年毕业于日本京都帝国大学，先后任国立中山大学法科教授、省立安徽大学教授兼法学院院长；裘千昌系浙江奉化人，1929 年毕业于日本九州帝国大学文法学部法科，曾先后在安徽大学、成都大学、中山大学、四川大学、朝阳大学任教授。这些教授大多系当时法学界名流。

任鸿隽校长教学改革主张"大学学生，重在求得研究学问之门径"①，"学校应向实际应用方面发展"②，因此四川大学的法学教育也体现出这两方面的特点。为鼓励学生抒发志趣，加深研究，练习著述，法学院组织了论文奖励会，其会员由院长及教授担任，每月各捐 2 元，每学期向学生征文两次，题目由各会员拟定公布，凡法学院学生均可选作，论文奖分甲、乙、丙三等，甲等奖金 10 元，乙等 7 元，丙等 5 元。自奖励会成立以来，学生投稿异常踊跃，应用知识能力得到提高。法律系为使学生有实际锻炼的机会，培养学生运用法律的能力，1936年 4 月成立了法律顾问处，由裘千昌任主任，指导学生在法律顾问处直接与民众见面，收集社会案件、解答法律疑难。此时的法律系有教授 4 人，副教授 1 人，特约教授 2 人，讲师 4人，学生 55 人；开出的课程有民法总则、刑法总论、宪法、政治学、经济学、监狱学、犯罪心理学、法院组织法、民法债编总论、国际公法、刑事诉讼法、刑法各论、行政法、罗马法、债编各论、民事诉讼法、物权法、公司法、票据法、海商法、土地法、刑事诉讼实习、法医学、刑事政策、亲属法、继承法、保险法、国际私法、劳动法、破产法、强制执行法、民事诉讼实习、法律哲学、中国法制史等 41 门。1935 年法学院

① 载《国立四川大学周刊》第 4 卷第 4 期。
② 载《国立四川大学周刊》第 4 卷第 4 期。

教师自编讲义共计 28 种。

日军侵华期间，四川大学法学院的学生发扬爱国进步的精神，先后组织和参加了多次学生运动，法学院学生刘挟任总编辑的《战时学生旬刊》成为当时川大学生积极宣传抗日救国的重要舆论工具。1938 年中共四川大学总支成立，法学院学生王玉琳任总支书记。同年国民政府迁都重庆，四川大学在教育界地位迅速上升。1939 年因日机轰炸成渝，四川大学迁至峨眉，设文、理、法、师范 4 个学院 19 个系。余群宗时任法学院院长[1]，胡元义（芹生）时任法律系主任。

1943 年四川大学迁回成都后，下设文、理、法、农、师范 5 院 23 系，法学院设法律系（司法组）、政治系和经济系，吴君毅时任法学院院长，裘千昌任法律系主任。其间法学院迅速发展，仅新聘教授就达 12 人，拥有一大批留学日本和欧美的教授。刑法有谢盛堂、赵念非，谢盛堂著有《刑法总论》《刑法分论》；赵念非系四川省大足县（今重庆市大足区）人，1916 年留学日本九州帝国大学，受教于著名法学家牧野英一博士，1930 年获得法学硕士学位。[2] 民商法有裘千昌、朱显祯、胡元义、宁柏青，裘千昌著有《民法债编总论》《公司

---

[1] 国立四川大学出版组：《国立四川大学简况》（1942 年 10 月钞本），载李勇先、高志刚：《巴蜀珍稀教育文献汇刊》（第四十五册），成都时代出版社，2016 年版，第 228 页。

[2] 成都市中级人民法院：《成都法院志》，四川人民出版社，1997 年版，第 306—308 页。

法》，并编写《民法总论》《债编各论》《保险法论》《票据法论》等讲义；朱显祯系四川璧山人，早年毕业于日本京都帝国大学，获法学学士学位，回国先后在中山大学、四川大学任教授，担任四川大学法律系主任[①]，主要代表作有《亲属法论》《继承法论》《德国历史法学派之学说及其批评》《礼与法律》《法律解释论》；胡元义为民国时期少有的部聘教授，也曾担任四川大学法律系主任；宁柏青著有《破产法论》。另有土地法的余群宗，宪法行政法的胡恭先，国际法的刘世传，诉讼法的龙守荣，法院组织法的杨兰荪等，并在原有的法律课程基础上增设了亲属法、海商法、继承法、公司法、票据法、强制执行法、破产法等新课程，出版了一系列有影响的法学论著。法律系的学生人数，包括当时司法行政部为专门培训法官而委托筹办的司法组在内，达 1000 人。其时的学生也相当活跃，成立了研究性组织"法律学会"[②]，创办了由朱显祯和裘千昌主编的学术期刊《法学月报》[③]。在 1941 年的司法官考试中，全国

---

① 四川省地方志编纂委员会：《四川省志·哲学社会科学志》，四川人民出版社，1998 年版，第 215 页。

② 国立四川大学出版组：《国立四川大学简况》（1942 年 10 月钞本），载李勇先、高志刚：《巴蜀珍稀教育文献汇刊》（第四十五册），成都时代出版社，2016 年版，第 248 页。

③ 周晓晴、周元正、倪晶莹：《四川大学图书馆报刊目录（1876—1949）》，四川大学出版社，1997 年版。

共录取 205 人，四川大学法学院学生就占 33 人。①

　　新中国成立之初，废除旧法导致司法系统极缺办案人员，许多四川大学法律系的学生提前被分派到司法部门参加司法改革和司法工作。法律系的教员也兼职法院工作，如裘千昌兼任川西行署高级人民法院副院长，赵念非兼任成都市法院副院长，其他教员也积极参与新中国的建设，如胡恭先历任四川省政协第一至五届委员会委员、四川省人民政府文史馆研究员、四川省少数民族地区经济建设服务中心顾问等职；赵念非参加中华人民共和国第一届全国司法会议，参与新中国《法院暂行组织条例》《刑法大纲》《诉讼程序通则》等法律草案的起草和修改讨论并受到毛泽东、周恩来、邓小平等领导人接见，担任四川省政协第二届、第五届委员会委员。

四、重建（1952—1998）

　　也许是"所有社会，在民族危机和重大事变时期之后都有过重大教育改组的尝试"②，新中国建立后第一个关于教育改革的指导方针就规定在当时起宪法作用的《共同纲领》中："中华人民共和国的文化教育为新民主主义的，即民族的、科

---

　　①　国立四川大学出版组：《国立四川大学简况》（1942 年 10 月钞本），载李勇先、高志刚：《巴蜀珍稀教育文献汇刊》（第四十五册），成都时代出版社，2016 年版，第 234 页。

　　②　卡扎米亚斯、马西亚拉斯：《教育的传统与变革》，福建师范大学教育系、杭州大学教育系、华南师范学院教育系等合译，文化教育出版社，1981 年版。

学的、大众的文化教育"，"人民政府应有计划有步骤地改革旧的教育制度、教育内容和教育法"（第 41 条）。1950 年 6 月第一次全国高等教育会议上，教育部明确提出了要在全国范围内有计划、统一地进行院系调整。马叙伦强调："我们要在统一的方针下，按照必要和可能，初步地调整全国公私立高等学校和某些系科，以便更好地配合国家建设的需要。"① 1952 年年初，中央人民政府教育部随即推出"全国高等学校院系调整方案"，开始了影响深远的全国院系调整。

四川大学在院系调整中，工学院独立为成都工学院（后改称成都科技大学），农学院独立为四川农学院（后改称四川农业大学），1952 年下半年，经西南军政委员会政法委员会和文教部决定，四川大学法律系、政治系连同重庆大学、云南大学、贵州大学等校的法律系和政治系并入西南革命大学总校，组建为革命大学一部政法系，四川大学法学院一大批教授如余群宗、裘千昌、赵念非、朱驭欧、伍柳村等调入该校，在此基础上，1953 年西南政法学院成立，成为全国仅有的几所专门性政法院校。四川大学仅剩文、理两院，四川大学自身的法学教育因之中断。

1983 年经国家教委批准，四川大学任命郭炳和、秦大雕、赵炳寿组成四川大学法律系恢复建系筹备组，由郭炳和任组

① 马叙伦：《第一次全国高等教育会议开幕词——一九五〇年五月十六日》，载上海市高等教育局研究室等：《中华人民共和国建国以来高等教育重要文献选编（下册）》，第 208 页。

长。1984 年四川大学法律系正式恢复，四川大学的法学教育因此得以恢复。此时的四川大学法学院拥有几位刑法学界极为知名的教授，如伍柳村、周应德等。1985 年经国家教委批准，四川大学法学院设立刑法学专业硕士点，开始招收刑法硕士研究生，由伍柳村、周应德、赵炳寿、黄肇炯、陈康扬和许建光教授分别担任中国刑法、国际刑法、法律逻辑、刑事侦查、物证技术专业方向的导师，这是当时全国法学界为数不多的几个法学硕士点。1994 年四川大学和成都科技大学两校合并，成立四川联合大学，同时恢复建立四川联合大学法学院，下设法律系和哲学系，赵炳寿任法学院院长。1998 年年底，教育部决定将四川联合大学更名为四川大学，四川大学法学院这一名称得以恢复，四川大学的法学教育得以不断发展。

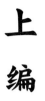

上编

第二章　专门化学校时期
的四川大学法学教育

　　光绪二十八年（1902 年），沈家本和伍廷芳受命"将一切现行律例，按照交涉情形，参酌各国法律，悉心考订，妥为拟议，务期中外通行，有裨治理"①，晚清修律由此拉开了序幕，国内对法律人才的需求也随之日益急切。同年，清廷颁布《钦定学堂章程》，提出建立学堂和国民通识教育体系。1904 年，《奏定大学堂章程》将法律学订为大学政法科下与政治科并列的一门学科。② 光绪三十一年（1905 年）三月，在奏请尽快设立京师法律学堂后，沈、伍二人提出在各省已开办的课吏馆内专设仕学速成科，要求各省"课程一切参照大学堂章程内法律学门所列科目及日本现设之法政速成科办理。选派明习法律的人员及外国游学毕业者充当教员，分门讲授，令学员在堂录写

---

①　沈家本：《删除律例内重法折》，《历代刑法考（四）》，中华书局，1985年版，第 2025 页。

②　《钦定学堂章程》《奏定大学堂章程》，载璩鑫圭、唐良炎：《中国近代教育史资料汇编·学制演变》，上海教育出版社，1991 年版，第 233－235、339－349 页。

讲义，定六个月为一学期，三学期毕业，造就已仕人才，俾办地方庶政。当务之急，莫过于此"①。为此，四川虽在光绪二十九年（1903年）就已经开办了课吏馆，并由各地选派现职的司法官员入馆学习内政、司法之课程，②但也及时地按照中央的要求，参仿湖南例专设仕学馆造就具政法知识的地方官僚。随着京师法政学堂的设立，各省地方法政学堂如雨后春笋般也相继成立。四川总督锡良在赴日考察近代教育后，责成提学使方旭、候补道周善培在已开办半年的仕学馆基础上创办四川法政学堂③，光绪三十二年（1906年）八月四川法政学堂成立。

一、学校初建

四川法政学堂初分"官班"和"绅班"，两班虽均由毕业于日本东京帝国大学法科的邵从恩学堂监督统一管理，但实际上相互独立。由于官班专为有科举功名和世家阀阅的人而设立，故而具有实质意义的法学教育为绅班，称"官立绅班法政学堂"。四川法政学堂地址初设在成都皇城贡院西偏，后迁总

---

① 伍廷芳：《奏请各省专设仕学速成科法》，载丁俊贤、喻作凤《伍廷芳集（上册）》，中华书局，1993年版，第273—274页。

② 四川省地方志编纂委员会：《四川省志·哲学社会科学志》，四川人民出版社，1998年版，第206页。

③ 《四川省官立绅班法政学堂一览表》，载四川法政学校档案，现藏于四川大学档案馆。

府街内务司旧署。① 根据 1910 年该校的统计，四川法政学堂共有讲堂五间，教员准备室二间，自习室三十二间，寝室三十间，教员室八间，司事室十二间，仆役室十五间，食堂十间，浴室三间，理发室二间，问客室三间，学生接待室二间，厨室八间，操场一所，阅报室二间，藏书室二间，厕室十一间，盥所五间。四川政法学堂共占地 178600 方尺，其中堂舍占地 148200 方尺，操场占地 30400 方尺。② 与当时作为法政学堂的典范京师法政学堂相比，四川法政学堂在成立之初并未具备完备的分科体系。1907 年 2 月成立的京师法政学堂分设正科、别科和讲习科。正科学习期限三年，规定由两年预科毕业之后或相当学力者升入，然后自行选择一门。预科招收中学有根底者入学。别科则专门招收各部院人员及举贡生监，三年毕业，课程略为专门，别科不必像正科那样由预科升入，唯取速成之意，并且对在职服官或已有科名的人员特别优待。讲习科专为吏部新分及裁缺人员入学肄业而设，各门只需讲授大要，一年半毕业。③ 四川政法学堂只设别科和讲义科，而没有开设标准最高、年限最长的法律正科。由于别科和讲义科的要求较低，学时较短，四川法政学堂建立初始便颇有应景速成的意味。

---

① 《四川省官立绅班法政学堂一览表》，载四川法政学校档案，现藏于四川大学档案馆。

② 《四川省官立绅班法政学堂一览表》，载四川法政学校档案，现藏于四川大学档案馆。

③ 王健：《中国近代的法律教育》，中国政法大学出版社，2001 年版，第 202—203 页。

宣统二年（1910 年）二月，法院编制法颁布实施，各地对审判人员和法检人员的需求扩大，为应付各地审判厅急需，清廷学部要求各地扩充法政学堂的办学规模。[①] 但同时为避免法政教育鱼龙混杂，学部开始考虑提高法政学堂的教育质量。同年 12 月，学部颁布《改定法政学堂章程》，强调政法学堂的宗旨是"养成专门法政学识，足资应用"，课程当以中国法律为主，除政治、法律外，增设经济科。该章程提高了法政学堂的入学标准，要求必须有中学文凭，同时延长法律正科学习年限至四年，并废除了讲习科。[②] 民国代清，教育部于民国元年（1912 年）8 月公布《专门学校令》，改清末学堂为学校，规定"专门学校以教授高等学术、养成专门人才为宗旨"，法政专门学校为十类专门学校之一，并废除别科。同年 11 月又接连公布《法政专门学校规程》。要求法政专门学校以养成法政专门人才为宗旨。修业年限本科三年，预科一年，[③] 并规定需先入预科，预科毕业后才能升入本科。[④] 为顺应法政教育的趋势，1912 年四川法政学堂合并官绅两班，改学堂为学校，成立四川法政学校，驻绅班原址。1915 年 1 月四川法政学校在四川

---

① 《学部通行各省法政学堂应次第扩充文》，载朱有瓛：《中国近代学制史料》（第 2 辑），华东师范大学出版社，1989 年版，第 489 页。

② 《学部奏改法政学堂章程折》，载《学部奏咨辑要》。

③ 中国第二历史档案馆：《中华民国史档案资料汇编》（第三辑教育），江苏古籍出版社，1991 年版，第 107—111 页。

④ 《教育部令各省法政学校遵照部令办理公告》，载商务印书馆：《中华民国教育新法令》（第 4 册），商务印书馆，1913 年版，第 94—96 页。

省学校新定名运动中改称四川公立法政专门学校，[①] 按照教育部规定，四川法政专门学校"以养成法律政治经济专门人才为宗旨"，并设政治、法律和经济三科，本科为主要建制。

二、教员变迁

中国的近代法学教育受日本影响甚深，[②] 地处西南地区的四川也不例外。四川法政学堂在开办初期，仿照日本法学教育模式，聘用日本留学回国人员执教，传授大陆法系的法学观点。根据宣统二年的学校统计，四川法政学堂从学堂监督、教务长到一般教员，绝大多数为日本大学毕业，且多半具有科举功名，充分表现出其时法政师资人才在中国传统知识体系向日本近代法学知识体系转型的特点。在法学课程的教材中，除大清律例和大清会典是使用国内版本外，从法学通论到宪法再到部门法，无一例外地采用日本教材，而且所选均为当时各领域著名法学家如梅谦次郎、冈田朝太郎等主编。这一状况并未因民国代清而迅速改变。直至民国六年（1917 年），在四川公立法政专门学校十九名专业教员中，北京的法科学校毕业的六

---

① 由于此时期的法政学校仍带有很大的速成性质，很多学校教学质量较差，故而从 1913 年起教育部开始对法政学校进行整顿，先是通令京外法政专门学校立即停止招考别科生，后又严厉取缔了不合格的私立法政学校。参见陈建华：《清末民初法政学堂之研究：教育史的视角》，载《华东政法学院学报》2006 年第 3 期。

② 中国近代的法学教育中，日本教习以及日本归国留学生发挥了重要的作用。参见王健：《中国近代的法律教育》，中国政法大学出版社，2001 年版，第 208 页。

名，留学欧洲的两名，而留学日本的多达八名，近半数。但随着我国自身法学教育的迅速发展以及对美欧法学教育的重视，日本法学影响减退的趋势在民国十年（1921 年）之后逐渐显现出来。法政学校的专业课的教员学历背景从 1906 年到 1926年的二十年间，体现出从几乎全部为日本学历，到以日本为主兼及本国，最终变成以本国为主兼及日美欧的发展趋势（见表2-1 至表2-4，表中为专业课主要教员，未将体操、算学等科计入）。

表2-1　宣统二年（1910 年）四川法政学堂教员表①

姓名	履历	担任科目	姓名	履历	担任科目
邵从恩	日本法政大学毕业	监督	周常昭	江津县附生，日本法政大学毕业	商法总则、商法商行为教习
李德芳	宜宾县举人，日本法政大学毕业	教务长兼法学通论教员	刘天佑	长寿县附生，日本法政大学毕业	政治学、行政学教习
陈润海	乐山县举人	大清律例教习	程莹度	荣阳县附生，日本明治大学毕业	法院编制法教习
龚道耕	成都县举人	大清会典教习	周择	成都县人，中书科中书，日本法政大学毕业	经济学、财政学教习

---

① 《四川省官立绅班法政学堂一览表》，载四川法政学校档案，现藏于四川大学档案馆。

续表2—1

姓名	履历	担任科目	姓名	履历	担任科目
孔庆余	华阳县廪生，在日本法政大学毕业	城镇乡地方自治章程、国际公法、国际私法教习	郑鸿基	广安州廪生，日本法政大学毕业	民法教习
李光珠	乐山县举人，在日本法政大学毕业	刑法总论、民事诉讼法教习	罗纪	西充县附生，日本实科学校毕业	日语日文教习
覃育贤	彭县举人，在日本法政大学毕业	宪法、民法教习	刘良	成都县人，候选知县，日本振武学校毕业	日语日文教习
陈崇基	大足县举人，热河补用知县，日本法政大学毕业	民法总则、民法物权教习			

表2—2 民国三年（1914年）四川法政学校教员表①

姓名	履历	担任科目	姓名	履历	担任科目
印焕门	日本早稻田大学商学士，曾任成都电报局局长、本校教习及商业学校教务主任	校长	周常昭	日本法政大学毕业	商法、会社、手形②
刘维	日本明治大学政学士	教务主任	王焜耀	北京法政学校法律科毕业	民法物权
钱为善	英国伦敦大学电机科毕业	英文	王钺	日本早稻田大学专门法科毕业	商业簿记
马质	日本早稻田大学政学士	行政法、比较宪法	周晓峰	日本法政大学毕业	刑法各论

① 《本校人员一览表》，载四川法政学校档案，现藏于四川大学档案馆。
② 手形即票据，为近代日本传入中国的词汇。

姓名	履历	担任科目	姓名	履历	担任科目
谢盛堂	北京法律专门学校毕业	刑法、刑事诉讼法	贺维翰	北京法政学堂毕业	国际私法
蒋云凤	日本早稻田大学史地科毕业	政治史、外交史、日语	游汉章	法国巴黎大学法科毕业	罗马法
王家琛	日本山口高等商业学校毕业	经济原论、商业政策	史悠彦	日本法政大学毕业	罗马法
李道溥	日本法政大学专门法科毕业	民法概论、民法继承	陈纶	日本明治大学商学士	银行法
覃育贤	日本法政大学毕业	宪法	马之骅	金陵大学堂毕业	英文
朱大镛	日本明治大学法学士	民法总则	陈国华	日本法政大学毕业	政治学
屈鸿钧	美国哥伦比亚大学毕业	英文	刘维	日本明治大学政学士	国家学
施召愚	日本法政大学毕业	法学通论	赵□香	日本东京农科大学毕业	农业政策
赵增瑀	前清举人	国文	杨彭龄	北京法政学校毕业	行政法各论
邓雄	前清举人	国文	唐宗尧	日本早稻田大学政治经济科毕业	财政史、经济史
钟山	四川高等学校毕业	法制史	杨炯	日本早稻田大学政学士	财政学
朱炎	上海方言馆毕业	法语	孔庆余	日本法政大学毕业	国际公法
欧阳煦	北京法律学堂毕业	民法债权、民法总论			

表 2-3　民国六年（1917 年）四川公立法政专门学校教员表①

姓名	履历	担任科目	姓名	履历	担任科目
沈仲荧	北京法律学堂毕业	民法物权	李觉明	日本大阪商业专门学校毕业	农业政策
谢盛堂	北师法律学堂毕业	民法债权	陈子立	日本法政大学毕业	商律概论
盛宗培	京师法律学堂毕业	刑事诉讼法	陈元畅	日本明治大学学士	货币民行
罗学洙	北京法律学堂毕业	商律通则	宋元熙	前清举人	国文
沈翰	北京法政专门学校毕业	商事条例	李德芳	日本法政大学毕业	财政学、法学通论
（缺）	日本东京法政大学毕业	国际公法	覃育贤	日本法政大学毕业	国法学、比较宪法
钱为善	英国伦敦大学毕业	英语文（四门）	陈国华	日本法政大学毕业	政治学、行政法
李喆元	湖北自强学堂毕业	法律大意原书	雷孝函	不详	经济原论
刘照青	法国巴黎法科大学毕业	第二外国语法文、国家学	蔡锡保	京师大学师范科毕业	心理学、伦理学、论理学
马水源	日本山山高等商业学校毕业	商事政策			

---

① 《四川公立法政专门学校教员调查表》，载四川公立法政专门学校档案，现藏于四川大学档案馆。

表 2-4　民国十二年（1923 年）四川公立法政专门学校教员表①

姓名	履历	姓名	履历	姓名	履历
杨伯谦	美国密歇根大学政治经济科博士	唐照业	日本明治大学法学士	吴炯章	北京大学毕业
饶炎	日本明治大学民法学士	谭其蓁	美国密歇根大学政治经济科硕士	李言磌	北京大学政学士
薛仲良	日本麦町区法政大学法律专科及法律高等研究科毕业法学士	杨德培	北京法政专门学校毕业日本明治大学政学士	杨季高	北京法政专门学校毕业
徐朗稜	警官	李正熙	日本早稻田大学政治经济学士	祝同会	曾任省立师范教员
张俊章	北京国立法政专门学校毕业	钟师谦	上海南洋公学毕业	曾湘	北京法政专门学校毕业
谢盛堂	北京法律学校毕业	刘孝颐	北京清华学校毕业	陈钟英	北京大学法学士
王主一	日本早稻田大学政治经济学士	曾昭鲁	通省师范学校学生	萧汉勋	日本法政大学卒业
李孔阳	北京法政专门学校毕业	罗坚	四川绅班法政学校毕业	叶江楫	日本明治大学政学士
陈燮周	日本法政大学毕业	易光祐	北京大学毕业	熊佛恬	日本明治大学政学士
江静甫	复旦公学毕业				

日本学历背景的专业课教员在几次统计中所占比例分别

---

① 《四川公立法政专门学校教员调查表》，载四川公立法政专门学校档案，现藏于四川大学档案馆。

是：宣统二年（1910 年）87％，民国三年（1914 年）61％，民国六年（1917 年）42％，民国十二年（1923 年）32％。除了教员学历的比例变化，学校开设外国文课程和所选教材也反映出这一趋势。法政学校开设的外国文课程，在宣统二年为单一的日文，民国六年以后变成以英文为主要语言，并开设了意大利文、法文等课程，日语成为备选第二外国文课程之一。学校成立之初，除大清律例和大清会典科外，所有法学课程全部采用日本著名教授的讲义。而到民国十年（1921 年）以后，随着我国法律的不断颁布和完善，学校所用教材只区分是按所颁行法律或法律草案编纂还是按照学理编纂，但都系教员自编，而无一门科目再采用日本教材（见表 2-5、表 2-6）。

表 2-5 宣统二年四川法政学堂部分课程及选用教材①

课程	教材	课程	教材
法学通论	日本梅谦次郎讲义	行政法	日本美浓部达吉讲义
大清律例	国朝定本	民事诉讼法	日本板仓松太郎讲义
大清会典	湖北局本	法院编制法	国朝定本参考日本裁判所构成法

① 《四川省官立绅班法政学堂一览表》，载四川法政学校档案，现藏于四川大学档案馆。

续表2-5

课程	教材	课程	教材
宪法泛论	日本笕克彦、清水澄讲义	国际公法	日本中村进午讲义及日本各法学家著作并参考本国国际各条约
刑法总论	日本冈田朝太郎讲义	国际私法	日本山田三良讲义
民法总则	日本梅谦次郎讲义	城镇乡地方自治章程	教员自编
民法物权	日本梅谦次郎讲义	世界史	教习自编
民法债权	日本乾政彦讲义、日本梅谦次郎讲义	政治学	日本小野冢喜平次讲义
商法总则	日本志田钾太郎讲义	经济学	日本山崎觉次郎讲义
商法商行为	日本志田钾太郎讲义	财政学	日本高野岩三郎讲义

表2-6　民国十年四川公立法政专门学校部分课程及教材①

课程	教材来源	课程	教材来源	课程	教材来源
宪法	本校编辑	商法公司	草案编辑	法院编制法	本校编辑
行政法	本校编辑	破产法	草案编辑	中国、外国法制史	本校编译
刑法总则	草案编辑	刑事诉讼法	本校编辑	国际私法	本校编辑
刑法分则	本校编辑	民事诉讼法	本校照草案编辑	国际公法	本校编译
民法总则	草案编辑	民法亲属继承	草案编辑		

---

① 《要求报送本校近况表的文（第3498号）》，载四川公立法政专门学校档案，现藏于四川大学档案馆。

续表2-6

课程	教材来源	课程	教材来源	课程	教材来源
民法物权、债权	本校编辑	商法总则、手形	本校编辑		

作为从事地方性法学教育的学校，从法政学堂到四川法政学校各时期，学校的教员几乎都为四川籍，这些四川籍的教员因曾留学国外具备现代法学专业知识，且熟悉四川地方情况，故而易于在地方法律职业中发挥作用。民国政府法律人才的缺乏，使法学教育机构和法律实践部门人员流动成为经常现象，仅民国二年一年间，原有许多教员中就有不少人弃教从政，分赴行政和司法机关任职，如周世屏担任重庆高等检察分厅检察长，萧应湘担任荣县知事，黄辅翼担任庆符知事，其后谢盛堂还担任四川省高等法院院长。① 教员在学校和实务部门流动虽然有利于地方的法制建设，但也使学校教员队伍不尽稳定、影响教学效果。四川法政学校的教员很少有超过三年以上任职者，大多数教员任职一两年后便因各种原因离职。在民国三年（1914年）统计的教员中，有一半以上教员到校时间还不足半年。② 由于法政学校创办初期急需新式知识体系来替代传统知识体系，而具备现代法学知识的师资又非常短缺，因而很难做到师资的严格遴选，许多教员都是从国外留学回来后即投入教

---

① 《本校填报民国周年概况》，载四川法政学校档案，现藏于四川大学档案馆。

② 《本校人员一览表》，载四川法政学校档案，现藏于四川大学档案馆。

学，教员的整体年龄很低，教学水平或学术水平均难以究竟。根据民国十二年（1923 年）的统计，校长杨伯谦仅 32 岁，所有教员年龄都在 45 岁以下（见表 2－7）。年龄较长的教员由于仅具备前清科举功名和传统教育背景，在法政学校的地位历来不高，在法政学堂初期担任国文教习，之后国文教习逐渐改由师范大学毕业者从事，副贡一类的前清功名也就只能充当文牍之职而不能参与教学了。

表 2－7　民国十二年四川公立法政专门学校教员年龄结构①

	40～44 岁	35～39 岁	30～34 岁	合计
人数（人）	10	4	12	26
比例（%）	38.5	15.4	46.1	100.0

三、学风塑造

四川法政学堂的经费从成立之日起，主要依靠官方的财政补助。宣统二年，四川法政学堂学期总入 15921 两②，其中：旧余收入 747 两，学生缴纳收入 4421 两，官款拨给 10752 两。学期岁出 13901 两，其中：职员薪金付出 2202 两，教员薪脩付出 4609 两，司事薪水付出 422 两，丁役工食付出 506 两，

---

　　①　根据《四川公立法政专门学校教员调查表》（1933 年 6 月聚昌公司印行，四川公立法政专门学校档案，现藏于四川大学档案馆）制成，不含学监和文牍等职员。

　　②　此处货币单位不详，因清末货币单位相当混乱，民间多用铜圆，官方多采银两为单位，故估计为"两"。

饭食茶水付出 1384 两，油烛薪炭付出 435 两，讲义书籍付出 1929 两，杂项庆吊及退学费付出 170 两，添购器皿付出 219 两，电报邮信付出 40 两，还债及购股付出 1904 两，修缮堂舍付出 71 两。① 此时的法政学堂尚能收支平衡。从民国开始，四川法政学校的经常费用由省公署按照预算拨给，② 民国三年实际领到 33320 元，民国四年拨给 30693.996 元，这些费用都不足以支付教员薪酬和教学支出。到民国五年，四川公立法政专门学校得到的拨款是 23020.497 元，支出则为 29687.407 元③，学校不敷的部分一般只能由学生所缴纳的学费和出售讲义所得补充。一般而言，学校学费分春秋两期征收，每名学生 5 元以上，民国三年合计收入学费 6081 元，讲义费 1950 元。四川公立法政专门学校仍常年入不敷出，故而此后每年学费均略上调，而教授所上课程也均采取自编讲义的方式以增加收入。但自民国四年，四川巡按使公署对学校教师"不用审定课本"提出批评后④，学校逐渐不再出售自编讲义。因此学校的资金缺口不断增大。仅民国六年到民国七年一年间四川公立法政专门学校就有多达 3436 元的积欠，但在此般困难的情况下，

---

① 《四川省官立绅班法政学堂一览表》，载四川法政学校档案，现藏于四川大学档案馆。

② 《四川省行政公署公函民国三年字第 1438 号》，载四川法政学校档案，现藏于四川大学档案馆。

③ 《本校情况一览表》，载四川公立法政专门学校档案，现藏于四川大学档案馆。

④ 《要求本校切实改变现存缺点的文》，载四川公立法政专门学校档案，现藏于四川大学档案馆。

法政学校对杂役和雇员的工资却完全没有拖欠，大部分教师的工资也没有拖欠，积欠薪酬最多的反而是学校领导层，其中仅校长颜楷就有 600 元工资未能支领。①

四川巡按使公署在质疑四川公立法政专门学校不用审定课本的同时，还指出当时法政学校的其他问题，要求学校予以整顿：

关于全校之缺点：欠缺精神；学风多属不良。

关于教授上之缺点：教授钟点未尽遵照部章；教程预算不能实行；未能贯彻教育宗旨；不用审定课本；教员多自由旷课；教员优给分数；轻视国文、清通者少；学生字迹恶劣者多。

关于管理上之缺点：管理未尽认真；延长休假日期；簿册设备不全，方式亦不一样；无自习钟点。

以上各条应饬令各校亟力整顿。②

事实上，法政学校与民国初年的其他专门学校相比，的确存在较大的教学和学风问题。法政学堂自清末开办之始，便伴随着政府对"法制"的盲目急切追求和学生学法律而仕的功利

---

① 《四川法政专门学校支付职员、教员、雇员、杂役薪脩表》，载四川公立法政专门学校档案，现藏于四川大学档案馆。

② 《要求本校切实改变现存缺点的文》，载四川公立法政专门学校档案，现藏于四川大学档案馆。

目的，学员数目一直在各专门学校中居于首位。民国初年黄炎培对法学教育的泡沫繁荣提出了批评：

> 光复以来，教育事业，凡百废弛，而独有一日千里，足令人矍然惊者，厥惟法政专门学校教育。……一国之才智，而群趋于法政之一途，其皆优乎？供多而求少，已有耗多数人才于无何有之乡，而或劣者杂出乎其间。①

竞明也说道：

> 专门法校之设立，为学非为官。……谬视法校者，乃以政法为官之利器，法校为官所产生，腥膻趋附，熏获并进。……有名无实之法校，先后纷至。②

由于法政成为显学，成为走向仕途的终南捷径，专门学校要求低、学时短，吸引了大量学生就读。大规模的学生投入到这样一个并不成熟的学科教育中，造成教学质量下降和一系列社会问题，因而民国元年（1912 年）开始，教育部就对如法政学校这种专门学校进行整顿和限制，全国法政专门学校数量从民国元年的 64 所降到民国五年的 32 所，学生数从 30803 人

---

① 黄炎培：《内外时报：教育前途危险之现象》，载《东方杂志》1913 年第 9 卷第 12 期。
② 竞明：《法政学校今昔观》，载《教育周报》1914 年第 51 期。

降到 8803 人。四川法政学校也在此大趋势下逐渐降低了招生人数，学生数从民国元年的 939 人降到民国六年的 204 人（含政治科）（见表 2-8、表 2-9）。

表 2-8　1912—1916 年全国法政专门学校统计①

	1912 年	1913 年	1914 年	1915 年	1916 年
学校数（所）	64	56	44	42	32
学生数（人）	30803	27848	23007	15405	8803

表 2-9　四川法政学堂（校）历年学生数②（单位：人）

	1911 年前	1912 年	1913 年	1914 年	1915 年	1916 年	1917 年
在校生数	约 1000	939	684	828	575	224	204
毕业生数	—	277	150	247	298	41	70

人数众多、教学时间短、学生功利心强是清末民初法政学校教学质量不高的主要原因，入学门槛较低使得许多本不具备相当知识的人进入法政学校学习，也直接导致了教育结果不尽

---

① 《第一次中国教育年鉴》，转引自王健：《中国近代的法律教育》，中国政法大学，2001 年版，第 222 页。

② 根据以下档案制成：四川巡按使公署：《给公署派员黄尚毅提供学校概况表的文》，1915 年 2 月；四川法政学校：《报送本校民国元年、二年概况的文》，1914 年 11 月；四川法政学校：《详报本校民国三年度教育统计表》，1915 年 9 月；四川法政学校：《报送本校民国四年度统计表》，1916 年 10 月；四川法政学校：《呈报本校五年度教育统计表》，1917 年 12 月；四川省长公署：《要求上报本校民国六年度报表的文（第 10037 号）》，1918 年 10 月。以上档案均为四川公立法政专门学校档案，现藏于四川大学档案馆。

如人意。尽管如此，法政学校校方和教员仍然尽力提高学校的教学质量。

首先，重视入学考试的评估。法政学校虽仅需中学学历即可报考，但其所出入学试题，无不具有较高的水平。虽入学修习法律，但入学考题除外国语外，涉及文理各科，且均为主观试题，给予学生充分的发挥空间，并为教员选拔学生提供参考。现将当时的一份试题展示如下：

国文题：民主政治得失论

英文题：（另附，略）

中史题：王安石变法失败之原因安在

外史题：十字军东征与欧亚文明沟通之关系若何

中地题：黄河与扬子江之比较

外地题：地中海对于欧洲文明之关系若何

公民题：我国国会分为几院□□□□

算数题：大小二数之和为六四，其差为十五，问大小二数各若干

代数题：有两位数字，十位数为单位数之三分之一，两位数字之和为十二，求原数。

平面几何题：□□角形对底角之两中线相等，试证明之。

物理题：何谓黏着力，何谓凝聚力

化学题：酸类、盐类与盐基类之区别若何

动物题：试述蝶与蛾之区别

植物题：显花植物与隐花植物之区别安在

矿物题：试略述金属矿物之鉴别法

其次，在教学管理方面，四川法政学校十分重视学风的养成和对教学的监管。学校每学期均有课程实施表和教员调查表，课程实施表上载有学科、选用教材、每周课时、已教到何处、担任教员项目，以检查各学科的授课情况；教员调查表上载教员姓名、籍贯、履历、担任学科、每周教授课时、兼任事务、月薪数目、到校年月项目，以检查教员情况。

再者，重视学生实践能力的培养。清末民初法政学校的教育校长杨伯谦给当时的四川高等审判厅发去公函，希望审判厅能够给法政学校的学生提供参观的机会，以增长其实践能力：

敝校法律本科三班现届四学期满，行将毕业，所有关于法律各科知识均已略有根底，惟研究学理之余非有实地经验，不足以资实用。贵厅为全省最高法院，易资启迪。因拟每星期两次全班学生来贵厅参观，俾咨考证借便练习用。特函请贵厅，烦为酌定相当钟点，先时告知，以便饬令该班学生来厅参观，届时并请指导一切实用公理。①

---

① 杨伯谦：《关于给高等审判厅请准予法三班学生参观的函件》，载四川公立法政专门学校档案，现藏于四川大学档案馆。

四川高等审判厅对此给予了积极的回应，表示"贵校长造就学子期望甚深，无任钦佩"，"民刑两庭公开审判尚有旁听之规则。贵校各学生如果有志司法，可于本厅审判案件之日，随时自由来厅，遵守定章旁听，借资学习"。①

最后，重视学生研究能力的培养。1922 年，法政专门学校鉴于"诸生出校之后，即本其所专，尽力于社会上各种业务者固居多数，而志趣高远不满于所学，尚愿为极深之研究者亦颇不乏其人"，加之"比年以来，国内不靖，生活费用复日益增加，诸生远出求学，既极艰难，而本省大学之成立又遥遥无期，向上之志，郁不可伸，可为悯叹"，故而向四川省长公署提出"东西各国著名大学及专门学校大都设有毕业院为毕业学生研究之所，而本校章程第一章第四条亦有本校为本科毕业生之愿深造者设立各种研究科之规定"，"拟试办研究科"，② 招收本校毕业生深造研究。四川省长公署对开办研究科培养研究生十分支持，立即予以同意，③ 该年三月，学校就发布招生广告："本校为提倡学术、培植通材起见，特于本校内添设研究科，凡本校本科毕业及与本校程度相当之公私立法政专门学校

---

① 《高等审判厅给四川公立法校关于三班学生来听参观的复函（第 87 号）》，载四川公立法政专门学校档案，现藏于四川大学档案馆。

② 《呈请备查本校拟设研究科规程的文及细则》，载四川公立法政专门学校档案，现藏于四川大学档案馆。

③ 《四川省长公署第 5056 号指令》，载四川公立法政专门学校档案，现藏于四川大学档案馆。

本科毕业学生，志愿深造者务即早日来校报名以便开班研究。"[1] 根据当时拟定的研究科规程，可见该研究科已然具备了现代法学硕士研究生教育的基本形态：[2]

公立法政专门学校拟设研究科详细规程（节录）

总纲

一、此科为本校本科毕业生之愿深造者而设，其年限在一年以上，三年以下。

二、此科分为四种：法律研究科；政治研究科；经济研究科；政治经济研究科。

学科及时间

三、研究科各科科目俱分为五类

法律研究科科目：民法、刑法、商法、民事诉讼法、刑事诉讼法

政治研究科科目：宪法、行政法、政治学、国家学、财政学

经济研究科科目：经济原理、货币学、银行学、财政学、簿记学

政治经济研究科科目：宪法、政治学、货币学、银行

---

① 《本校添设研究科登报广告》，载四川公立法政专门学校档案，现藏于四川大学档案馆。

② 《呈请备查本校拟设研究科规程的文及细则》，载四川公立法政专门学校档案，现藏于四川大学档案馆。

学、财政学

四、各研究科每学期研究门类至少以两门为限。

五、每科每周上课时间为六钟以上，十二钟以下。

入学与毕业

六、凡在本校本科毕业生志愿深造者得入此科。

七、凡与本校程度相当之公立或私立法政专门学校本科毕业生经校长核准亦得入此科。

八、凡在此研究科研究一年以上之学生得提出论文经评定合格者即为毕业。

一般认为，民国的研究生教育在《大学令》和《专门学校令》中虽有明文规定，但实际上并未做到，后来仅在北京大学设立的法科研究所中培养了一些研究生。[①] 由于后续资料缺乏，对于四川公立法政专门学校研究科的具体开办情况没有进一步的资料予以佐证，至于是否可以确定此时的四川公立法政专门学校已经进行了法学硕士研究生的培养也尚待进一步考证。

为改善学风、提高教学素质，四川公立法政专门学校还多次修改章程，强调培养专业人才的宗旨。1920 年校务会修订章程，把办学宗旨确定为"养成革命救国人才及专门职业人

---

① 汤能松、张蕴华、王清云、阎亚林：《探索的轨迹——中国法学教育发展史略》，法律出版社，1995 年版，第 231—232 页。

才"，① 并要求教员和学生"纠正思想"，"灌输有用知识，侧重中国现在困难问题之识别及解决此项问题方案"，培养学生"博爱、团结、自尊、奋斗"的品德和"组织、领袖、勇为、判断"的能力。② 但是在经费拮据、学生浮躁、教员调动频繁以及时有战乱发生的情况下，四川公立法政专门学校自始至终都没有形成法学教育的良好教学氛围。此情况一直持续到任鸿隽担任四川大学校长后践行四川大学的国立化，改革各学院的教育，③ 四川大学法学院的学风才在稳定的时局和日益成熟的法学教育中得到根本性的改善。

四、走向综合

随着大学高等教育不断发展，法政专门学校教育的地位渐显尴尬。1927 年开始，四川公立法政专门学校的学生即开始进行专门学校改大学的讨论，4 月，四川公立法政专门学校学生会召开会议，公开提出学校应当尽快从专门学校改办为法政大学，并以执行委员会的名义向校长提出正式函件：

> 本会开第二次大会，经本会会员多数人提议讨论，本

---

① 《本校添改章程的文》，载四川公立法政专门学校档案，现藏于四川大学档案馆。

② 《本校添改章程的文》，载四川公立法政专门学校档案，现藏于四川大学档案馆。

③ 王东杰：《国家与学术的地方互动——四川大学国立化进程（1925—1939）》，生活·读书·新知三联书店，2005 年版，第 154—200 页。

校改办四川法政大学一案，当经全体会员赞成通过议决执行，佥谓本校如不即行改大，以后高中学生毕业无相当学校升学，本校前途难期发展。决议办法应即组织本校改大筹备委员会，由各班同学推选委员四人，会同本校教职员暨学生会执行委员会各职员共同筹备。①

不到一月，校长刘昶育代表学校向学生会正式回函：

贵会咨呈称本校改办四川法政大学即经全体决议应即组织改大学筹备委员会各等由。查本校改大自系正当办法，惟事体重大，拟即于本月二十四日约齐教职员开会讨论，并推选筹备委员会公同着手进行可也。②

学校和学生对四川公立法政专门学校改办大学一事达成共识后，成立了以陈希虞、熊晓岩、舒特生、邹明初、谢升庵、尹敬孚、孙卓章等为代表的"改大筹备委员会"，并立即向北京大学发函索取章程。

敝校开办十有余年，历届毕业学生分向国内外大学，

①《本校学生会要求将本校改办为四川法政大学的文》，载四川公立法政专门学校档案，现藏于四川大学档案馆。

②《复学生会执行委员会期开会讨论改组大学一案》，载四川公立法政专门学校档案，现藏于四川大学档案馆。

惟吾川僻在西隅，交通极感困难，现敝校学生会提议改办四川法政大学，旋开教职员会讨论办法，一致赞同合组筹备委员会，业已着手进行筹备，但谋始之初，端资借镜。贵校规模宏远，为各省所观摩，即希将贵校组织章程见赐一份，俾有准绳。无任公感。①

四川公立法政专门学校改大筹备委员会随即向四川省教育厅提出申请，希望延续法政专门教育，成立四川法政大学。然而，按照当时《国立大学校条例》规定，三科（院）以上始得称大学，四川公立法政专门学校的改大申请很快遭到否定，与之同时遭否的还有农科、中国文、外国文、工科四大专门学校。为实现筹办大学的目标，四川省长公署和教育厅召集多次会议，决议由五大专门学校合并改组成公立四川大学，并经省长公署及大学院立案。在改大的强烈需求下，四川公立法政专门学校很快接受这一妥协安排，成为公立四川大学的法政学院。至此，自清末以来，以专门教育为特点的四川法政学校不复存在，四川地方性的法学教育从独立建制的专门教育转为综合性大学的法学院教育。

---

① 《函索北京大学组织章程的文》，载四川公立法政专门学校档案，现藏于四川大学档案馆。

第三章　综合性并校时期的
四川大学法学教育

一、引言

清末民初法学教育兴起的一个突出表现是各省法政专门学校（学堂）的林立。① 当时四川在成都和重庆各有一所公立法政专门学校，是省内最早的法政专门教育机构之一。为集中教育资源、裁减地方经费，1914 年教育部令"凡一省有同类专校两处以上者，皆当酌裁"且"所有该省各法政专校务必于暑假期内实行归并，合为一校"。② 由此，重庆公立法政专门学校并入四川公立法政专门学校，四川的法学教育开启了一段长期的专门模式。随着学校系统改革的推进和大学制度的建立，

① 从 1904 年到 1909 年全国有直隶法律学堂、北洋法政学堂、京师法律学堂等法政（律）学堂 25 所。即便经过民初教育部的整顿，"法政学校与学生的数目都远高于同期其他科类学生数目"。汤能松、张蕴华、王清云、闫亚林：《探索的轨迹——中国法学教育发展史略》，法律出版社，1995 年版，第 155 页；王健：《中国近代法律教育》，中国政法大学出版社，2001 年版，第 222 页。

② 《四川巡按使公署指令第二一五七二号》，载《重庆公立法政学校呈报修正学则及各表册平面图清查核遵省令停止招生及裁减地方岁出法校合并有关学生编级及毕业等卷》，现藏于四川省档案馆。

法学教育从单科、专门的法校逐渐向综合、现代的大学转型，但从"专门"到"综合"的过程并非一蹴而就。就四川而言，早期的综合性大学法学院有两处，一是 1927 年成立的公立四川大学法政学院，该校由四川公立法政专门学校等五大专门学校①合并而来，对应设立五个学院，但学校缺乏统一领导，五院各自为政，专门教育的色彩仍较突出。另一处是 1929 年国立成都大学添设的法科，该校于 1926 年 11 月经教育部正式批准成立，一应承自历史悠久的四川高等学校，在当时四川综合性大学中最为出色，但 1928 年才设法律系，该系规模相对较小。这两处法学院的成立和发展，代表了近代四川综合性大学法学教育初期的两种模式，即"先有学院再有大学"和"先有大学再有学院"。二者后来均在大学国立化背景下并入国立四川大学法学院。

二、公立四川大学法政学院

（一）院校的合并

1912 年 10 月，《大学令》规定"大学分为文科、理科、法科、商科、医科、农科、工科"且"大学以文、理二科为主，须合于左列各款之一，方得名为大学：一、文、理二科并设者；二、文科兼法、商二科者；三、理科兼医、农、工三科

---

① 四川公立国学专门学校、四川公立外国语专门学校、四川公立法政专门学校、四川公立工业专门学校、四川公立农业专门学校。

或二科、一科者"①。1917 年修订后的《大学令》将其改为
"设二科以上者，得称为大学；其但设一科者，称为某科大
学"②。其颁布与修订存在"各科同授"的综合性优势③与"去
日就德"的教育理念④的分歧，但均从学科数量上明确了大学
的设立标准，逐渐打开了独立学科融入综合性大学的局面。

　　教育部于 1922 年 11 月公布学校系统改革案并于 1925 年
11 月修正，此案"由仿日转向仿欧美，是中国近代高等教育
体制渐趋完备的标志"⑤。1926 年 8 月四川省教育厅遵令转知
公私立各大学"自十五年度起，各大学一律不准附设专门，其
原已成立之班次，应即如限结束，至大学校及专门学校，附设
专修科时，修业期满，应按照本部修正学校发给证书条例，第
二条发给第四号修业证书，不能辄援专门学校毕业之例，其各
大学及各专门学校，除各级师范学校外，不得用附属名义设立

---

　　① 《部令：教育部部令：部令第十七号（中华民国元年十月二十四日）：大
学令》，载《政府公报》1912 年第 178 期。

　　② 范源濂：《部令：教育部令第六四号（中华民国六年九月二十七日）：大
学令》，载《政府公报》1917 年第 612 期。

　　③ 周春岳：《通讯：大学改制之商榷：致太平洋杂志记者》，载《太平洋
（上海）》1918 年第 1 卷第 9 期。

　　④ 《大学改制之事实及理由》，载《新青年》1917 年第 3 卷第 6 期；姜朋：
《不复过往：中国法学院纪事》，中国民主法制出版社，2021 年版，第 137—140
页。

　　⑤ 四川大学校史办公室：《四川大学史稿》（第一卷），四川大学出版社，
2006 年版，第 99 页。

中学或小学，以清界限"①。四川公立法政专门学校自此开始改办大学，呈现出从"专门"向"综合"发展的趋势。

1927 年 4 月 2 日，四川公立法政专门学校学生执行委员会经会员多数人提议讨论该校"改办四川法政大学"一案，经"全体会员赞成通过议决执行"。众人认为"本校如不即行改大，以后高中学生毕业无相当学校升学，本校前途难期发展"，并且应当立即"组织本校改大筹备委员会，由各班同学推选委员四人，会同本校教职员暨学生会执行委员会各职员共同筹备"②。是月底，四川法政学生会执行委员会将此案咨请校长，5 月 19 日，学校函复"本校改大自系正当办法，惟事体重大，拟即于本月二十四日约齐教职员开会讨论，并推选筹备委员公同着手进行"③，并通知教职员于 24 日午 12 点集会讨论事宜④。5 月下旬至 6 月上旬，四川公立法政专门学校从多方面着手改大之事，比如先后召开教职员会议，推定陈希虞、熊晓岩、舒特生、邹明初、谢盛堂、尹敬孚、孙卓章七人为筹备委

---

① 万克明：《厅令：四川教育厅训令：第九三零六号（中华民国十五年八月）：令公私立各专门学校：奉部令学校系统改革案颁行后各级学校亟应分别遵照办理一案，载《四川教育公报》1926 年第 8 期。

② 《本校学生会要求将本校改办为四川法政大学的文》，载四川公立法政专门学校档案，现藏于四川大学档案馆。

③ 《本校学生会要求将本校改办为四川法政大学的文的批复》，载四川公立法政专门学校档案，现藏于四川大学档案馆。

④ 《本校学生会要求将本校改办为四川法政大学的文的批复》，载四川公立法政专门学校档案，现藏于四川大学档案馆。

员①，以北京大学"规模宏远，为各省所观摩"等由函请其发给一份章程作为借鉴②，筹备委员翔实改大计划书以备讨论③，等等。

法政专门学校改办法政大学的计划最终没有实施，五大专门学校为争取更高的学校地位、更多的办学经费、更好的设备和师资，不再改办单科大学，而选择合组办学。④ 四川公立法政专门学校原定于6月14日讨论通过改大计划书的会议延期到17日，随后四川省长公署和教育厅通知该校时任校长刘昶育于21日下午1点"在教育厅筹商各专门学校合组大学办法"⑤。6月25日和27日，该校法专改大筹备会召开紧急会议，此时筹备会成员仍是七人，其中尹敬孚改为刘廓寰。⑥ 此后，五大专校与省行公署、教育厅有多次互动讨论，学校方面"提出设立省立大

---

① 《本校学生会要求将本校改办为四川法政大学的文的批复》，载四川公立法政专门学校档案，现藏于四川大学档案馆。

② 《函索北京大学组织章程的文》，载四川公立法政专门学校档案；《关于讨论本校改名为四川法政大学的文》，载四川公立法政专门学校档案，现藏于四川大学档案馆。

③ 《关于讨论本校改名为四川法政大学的文》，载四川公立法政专门学校档案，现藏于四川大学档案馆。

④ "各专门学校因日前高等师范自由改名师大后，均有改大之提议，风声所播，大有难以中止之势。"万克明致刘湘、赖心辉信的抄件，"川大档案"第1871卷，转引自王东杰：《国家与学术的地方互动：四川大学国立化进程（1925—1939）》，生活·读书·新知三联书店，2005年版，第48页。

⑤ 《关于讨论本校改名为四川法政大学的文》，载四川公立法政专门学校档案，现藏于四川大学档案馆。

⑥ 《关于讨论本校改名为四川法政大学的文》，载四川公立法政专门学校档案，现藏于四川大学档案馆。

学的必要性"，并主张"拟就省立各专门学校联合改为大学，定名为四川中山大学，即以现有之农、工、法、外语及国学专门学校分五学院，就各专门学校已设各科分为若干系，其款项则以肉税独立案内划定之四十万元作为改办经费"①。四川省长公署和教育厅方面"召集联席会议，拟定改大方案和组织大纲 14条"，经省署和大学院立案，公立四川大学于 8 月正式成立。②12 月 29 日，四川省长公署训令公立四川大学法政学院"照得四川大学业经组织成立，亟应将各学院图记刊制颁发以资信守。兹随令颁发该学院木质图记一颗，文曰'四川大学法政学院'图记，仰即遵照承领"③。法政学院的新图记自 1928 年 1 月 1 日起启用④，并将原来旧有专门学校图记截角缴销，以清手续。

合校后，公立四川大学法政学院"设法律学系、政治学系、经济学系三系"⑤。1930 年改为法律系、政治经济系⑥，这是该校成为综合性大学后法学院首次设立"政治经济系"，至之后国

---

① 《呈为议决合组改办四川中山大学校呈请鉴核备案事》，成都各专门学校校长呈四川省教育厅、四川省长公署呈文抄件，载"川大档案"第 1871 卷，转引自王东杰：《国家与学术的地方互动：四川大学国立化进程（1925—1939）》，生活·读书·新知三联书店，2005 年版，第 48 页。

② 王东杰：《国家与学术的地方互动：四川大学国立化进程（1925—1939）》，生活·读书·新知三联书店，2005 年版，第 48 页。

③ 《关于颁发给本校名曰"四川大学法政学院"印章一枚的文》，载四川公立法政专门学校档案，现藏于四川大学档案馆。

④ 《关于任命各学院学长及颁发新印章及销毁旧印章的文》，载四川公立法政专门学校档案，现藏于四川大学档案馆。

⑤ 《公立四川大学规程》，载公立四川大学档案，现藏于四川大学档案馆。

⑥ 四川大学校史办公室：《四川大学史稿》（第一卷），四川大学出版社，2006 年版，第 134 页。

立川大时期该系仍有分立、合并、再分立的反复。此外，"法政学院专门部招收一年制预科一百二十名"以备升入本科法政学院。① 该院规模较大，以1929年为例，共有十班，包括专门部法律三班、四班、五班，专门部政经三班、四班、五班，大学预科一班、二班、三班甲组、三班乙组，共四五百人。②

在职员方面，法政学院包括学长、教务主任、斋务主任、文牍主任、庶务各一员，学监各二员③；另有"四川大学法政学院十八年下期职雇员每月薪金及现在住址表"详列职员名单，职位略有出入，分别是校长刘廓寰、教务长谢盛堂、庶务长冯锡畴、庶务长赵公惠、监学余郅廷、文牍郭少琅、教务员皮仲谋、图书室管理员李翼坛、会计员赵季农、文案档册员杨保卿、稽查员张景伯、教务员赵仲甫、讲义司事田从生、斋务司事冯玉霖、书记赵岳□。④

---

① 《公立四川大学招生简章》，载公立四川大学档案，现藏于四川大学档案馆。

② 《学校十八年下期每月分班授课计修表》统计十班学生432人；《公立四川大学法政学院民国十八年度岁入预算书》记"本年度专门部学生二百三十二人，……大学预科旧生一百零一人，本年拟招新生一百二十"；《公立四川大学法政学院民国十八年度岁入预算书》记"本年度新旧共十班，约五百人"。《函送教育厅遵令查填本院经费表附表一册》，载四川公立法政专门学校档案；《本院造报十八年度岁入预算》，载四川公立法政专门学校档案；《报送岁入出预算书各一册附十八年度岁出入预算书》，载四川公立法政专门学校档案，现藏于四川大学档案馆。

③ 《本院造报十八年度岁出预算书》，载四川公立法政专门学校档案，现藏于四川大学档案馆。

④ 《函送教育厅遵令查填本院经费表附表一册》，载四川公立法政专门学校档案，现藏于四川大学档案馆。

在教员方面，法政学院包括"专聘廿四钟者六人，十六钟者二人，八钟者一人"及按钟聘任者①；另有"四川大学法政学院十八年下期教员每月授课计修及现在住址表"计有谢盛堂、杨季高、萧哲生、潘必达、朱玉裁、唐南薰、董庆伯、熊集生、杨贞九、李洵刍、景浩初、刘廓寰、黄中含、陈元畅、陈希虞、钟自牧、戴宾宜、潘无我、孙壶东、蔡松佛、蔡绍康、黄达夫、周子龙、罗火愚、曾文渊、谭励陶、冯富康、郝仲默、林季丰、钟汝为、尹庄伯、黄绍伋、林君弥、余邦廷等34 名教员，其中谢盛堂等前列 13 名教员给法律班授课②。雇员包括会计、图书管理员、教务课员、文牍兼办表册员、稽查、讲义司事、斋务司事、杂务、清理讲义助手各一人，书记二人，杂役二十六名。③

（二）有限的合并

尽管五大专校的合组与公立四川大学的成立使近代四川首次有了综合性大学的法学院，但自始至终"合并"多见之于名而未能落实，法政学院的经费和学务仍十分独立。

第一，在经费方面。作为省立高校，公立四川大学的"经

---

① 《本院造报十八年度岁出预算书》，载四川公立法政专门学校档案，现藏于四川大学档案馆。

② 《函送教育厅遵令查填本院经费表附表一册》，载四川公立法政专门学校档案，现藏于四川大学档案馆。

③ 《本院造报十八年度岁出预算书》，载四川公立法政专门学校档案，现藏于四川大学档案馆。

费历来由省教育经费收支处在肉税项下拨给"[①]，但"肉税赋于各县，所在军队，往往禁扼弗予"[②]，以肉税充当学款难以落实，教育经费危机日益加剧。就公立四川大学法政学院而言，根据 1929 年 7 月至 1930 年 6 月岁出预算书，该院"经费向在收委会领取，原预算案每年四万五千余元，除扣去学费收入一万元，每年总计三万五千余元……十五年前尚领五成，十六年只领得四千余元，十七年上期只领得四千余元"[③]，面对"腾贵"的物价、"减无可减"的预算，该校经费"不足之数只得仍以学费弥补"[④]，而"每期学生因事自行休学及未缴费者，至数十人之多，故学费实难收足原额"[⑤]。自法政专门学校时期到法政学院时期，其经费一脉相承、自行管理，此前与其他专门学校、此时与公立四川大学均关联不深。

　　第二，在管理方面。公立四川大学"未设校长，由各学院的学长（1930 年以后才称院长），共同组成'大学委员会'，公推资深的中国文学院院长向楚承头，联合办公，协调各院工作。

---

　　①　四川大学校史办公室：《四川大学史稿》（第一卷），四川大学出版社，2006 年版，第 135 页。

　　②　四川公立法政专门学校的校长、四川省议会代议长熊晓岩曾指出肉税之弊，因其"不如盐税管榷专，取给便也"，主张拨盐税供学款。《特载熊晓岩先生事略》，载《国立四川大学周刊》1934 年第 3 卷第 12 期。

　　③　《报送岁出入预算书各一册附十八年度岁出入预算书》，载四川公立法政专门学校档案，现藏于四川大学档案馆。

　　④　《本院造报十八年度岁出预算书》，载四川公立法政专门学校档案，现藏于四川大学档案馆。

　　⑤　《本院造报十八年度岁入预算书》，载四川公立法政专门学校档案，现藏于四川大学档案馆。

重大对外事务，由五院学长会衔发送，对内则由各院自主"①。作为综合性大学，该校始终缺乏校长领导，不利于校务统筹发展。而这种保留学院自主的态度在五校合组改大的过程中已有体现。当时会议中的两项重要意见，一是合并的限度，即"合并系名义上之合并，本科分办，预科亦当然分办"；二是专门部的保留，即"专门部系造就技术上实用之人材，新学制不惟未予废除且为之提高程度，现虽各专校改办大学，专门应即保留"。就此意见，时任四川公立外国语专门学校的校长杨伯谦认为"各校对于两项意见完全容纳署名后决不发生何种问题"。四川公立法政专门学校方面容纳意见，声明对筹备改大之事"尽力赞助期底于成"的积极态度，但说明"第二项于大纲内第十一条本大学研究院之下难添'专门部'三字；第一项虽吉甫兄②云大纲呈稿不便明示，将来呈案后委员会中如有异议，即以吉甫兄之言为准据也"③。实际上，四川公立法政专门学校在合校后仍设专门部，且设专门部本科六班（一年级、二年级共四班，

---

① 四川大学校史办公室：《四川大学史稿》（第一卷），四川大学出版社，2006 年版，第 134 页。

② 即四川公立外国语专门学校校长杨伯谦（字吉甫，叙永县叙永镇人）。具体见颜林：《杨伯谦先生事略》，载中国人民政治协商会议四川省泸州市委员会文史资料委员会：《泸州文史资料选辑》（第 21 辑），1992 年，第 137—143 页。

③ 《关于讨论本校改名为四川法政大学的文》，载四川公立法政专门学校档案，现藏于四川大学档案馆。

三年级二班）和预科一班①，至 1930 年四川省教育厅以"所有专门部与大学组织法不合"为由令其停止招生②。

因此，除了学院的名义之外，法政学院实际上仍然缺乏作为综合性大学下设学院的身份特征，独立多过于融入，这是一次"有限的合并"。

三、国立成都大学法科

（一）新设法律系

国立成都大学是四川省内第二个设立法学院的综合性大学。该校于 1926 年 11 月经教育部正式准予成立，于 1928 年"本科复添设法律系、经济两系，计本科预科学生共达一千余名"③，1929 年"分设文、理、法三院"即"本科暂分文、理、法三科"④。该校《组织大纲》及《法科通则》均规定法科分三系即法律学系、政治学系、经济学系，并设立法科教授会

---

① 《本院造报实支经费暂报清册》，载四川公立法政专门学校档案；《本院造报十八年度岁出预算书》，载四川公立法政专门学校档案，现藏于四川大学档案馆。

② 张铮：《公牍·呈文：呈教育部为汇报前四川公立工业农业法政外国语国学各专门学校及前公立四川大学各学院学生学历及历年成绩毕业成绩各表请予鉴核由（中华民国二十一年九月）》，载《四川省教育厅公报》1933 年第 13 期。

③ 国立成都大学：《国立成都大学一览》，国立成都大学，1929 年，第 2—3 页。

④ 载国立四川大学：《国立四川大学一览》，成都彬明印刷社，1936 年版，载李勇先、高志刚：《巴蜀珍稀教育文献汇刊》（第四十四册），成都时代出版社，2016 年版，第 327 页；国立成都大学：《国立成都大学一览》，国立成都大学，1929 年，第 5—6 页。

议、系教授会议、主任会议分层级、分事项进行讨论和管理。① 相较于同期的国立成都师范大学、公立四川大学而言，该校组织大纲、各科通则、学生通则、教员延聘细则、职教员薪俸规程等规章更加规范完整，办学更加成熟稳定，"不受经费之影响，同学卒能安心向学，而免失业之虞"②。

（二）课程与师资

国立成都大学法律系四学年必选修课程共计 22 门，必修以基础的部门法为主，选修包括法学、经济学、哲学等科课程，具体排课如下（见表 3-1）。

表 3-1　国立成都大学法律学系课程（1929 年 5 月）③

必修科目	
第一学年	每周时数
民法第一部（总则）	四
宪法	四
刑法第一部（总则）	四
行政法第一部	四
外国法第一部	二

---

① 国立成都大学：《国立成都大学一览》，国立成都大学，1929 年，第 7 页、第 31—33 页。

② 惠伯：《吾人庆祝成大五周年纪念之重要》，载国立成都大学：《国立成都大学五周年纪念会特刊》，国立成都大学，1929 年，第 14 页。

③ 国立成都大学：《国立成都大学一览》，国立成都大学，1929 年。

必修科目	
第二学年	**每周时数**
民法第二部	三
刑法第二部（分则）	二
商法第一部（总则商行为法）	四
刑事诉讼法	四
法院编制法	二
外国法第二部	四
第三学年	**每周时数**
民法第三部（债权）	五
民事诉讼法第一部	四
外国法第三部	二
商法第三部（票据法、公司法、海商法）	五
破产法	二
第四学年	**每周时数**
民法第四部（亲族法、继承法）	四
外国法第四部	二
民事诉讼法第二部	二
强制执行法	二
监狱法	二
选修科目	
第一学年	**每周时数**
经济学	五

续表 3－1

选修科目	
哲学	二
第二学年	**每周时数**
罗马法	三
国际公法（平时）	三
第三学年	**每周时数**
国际公法（战时）	三
中国法制史	二
演习	三
第四学年	**每周时数**
比较法制史	三
法律哲学	三
刑事政策	三
演习	二

　　该校法科师生规模均远远小于文科和理科，法科内以政治系学生人数最多，法律系规模很小，不仅设立得晚，且办学时间短暂。比如，1929 年政治系三个年级有 54 人而法律系只有两个年级共 20 人①，担任法学课程的教员仅有教授费有俊、谢盛堂、杨光湛和讲师潘必达、邱仲青 5 人（见表 3－2），其

---

　　① 国立成都大学：《国立成都大学一览》，国立成都大学，1929 年，第142—144 页。

他教员也仅有吴永权、熊晓岩、张铮、吴虞、李植、杨国镇、李蔚芬有法学教育背景或法政院校从业经历（从事国文、政治学、社会学等科教育工作）。

表3-2 国立成都大学法学课程教员名单（1929年）①

姓名	字	籍贯	履历	担任学科	职务
费有俊	孟兴	蓬安	京师法律学堂毕业，曾任四川高等审判厅庭长，安徽高等审判厅庭长，代理厅长，安徽怀宁、浙江杭县地方审判厅厅长	法律学	主任教授
谢盛堂	升庵	开县	国立法科学校毕业，现任四川公立法政专门学校教务长	行政法	教授
杨光湛	兰生	潼南	日本中央大学法学士，曾任黑龙江省高等审判厅厅长、国立广州大学法理教授	刑法	教授
潘必达	尊三	开县	曾任成都审判厅、四川高等审判厅推事、四川高检厅首席检察官、四川高等法院首席检察官、四川大学法政学院教授	法院编制法	讲师
邱仲青	连甫	三台	前清副贡，北京法律学堂毕业，曾任四川公立法政专门学校教授、前大总统府顾问、政治善后讨论会委员	民法	讲师

四、小结

1927年至1931年，公立四川大学法政学院和国立成都大

① 国立成都大学：《国立成都大学一览》，国立成都大学，1929年。

学法科分别展现了近代四川综合性大学法学教育初期的两种模式，即"先有学院后有大学"和"先有大学后有学院"。

公立四川大学法政学院的前身四川公立法政专门学校（学堂），是近代四川法政教育的开端之一。公立四川大学法政学院由此发展而来，一脉相承，具有深厚的法政教育基础和专门教育经验，有利于法政专门人才的养成。但作为省立大学而言，该校缺乏校长的领导、综合的管理、统一的经费，在学校发展中还有很多需要统筹改进之处。

国立成都大学的成立背景是自《学校系统改革案》即新学制颁布后四川改办大学之议。国立成都大学是从成都高师"分出来的，但从师资、校产、档案、院系设置、图书仪器直至校址（原尊经书院、四川高等学堂旧址，即今成都南较场），则直接继承了四川高等学校"[1]。一方面，四川高等学校的前身四川高等学堂是"四川近代第一所文理兼备的综合性高等学校"[2]；另一方面，在成大分立之前，高师曾呈报改大并招收教育等十个系预科生，"这是四川大学历史上撤科设系之始"[3]。该校自始具有改办综合性大学的基础，有比较完善的院系体系。后期新设法律系起步较晚、规模较小，在专业建设

---

[1] 四川大学校史办公室：《四川大学史稿》（第一卷），四川大学出版社，2006 年版，第 101 页。

[2] 四川大学校史办公室：《四川大学史稿》（第一卷），四川大学出版社，2006 年版，第 41 页。

[3] 四川大学校史办公室：《四川大学史稿》（第一卷），四川大学出版社，2006 年版，第 100 页。

上还不够成熟。

虽然"先有学院后有大学"和"先有大学后有学院"两种模式各有优劣，但二者都是近代四川综合性大学法学院的初步尝试，为此后合并而成的国立四川大学法学院打下了坚实的基础。

第四章　国立化运动时期的四川大学法学教育

一、国立之名义：国立四川大学法学院的成立沿革

（一）三校合并

自 1927 年公立四川大学成立后，四川的高等教育形成了国立成都大学、国立成都师范大学、公立四川大学三校鼎立、分门别户的局面。但在实际办学中，各校"院系重复，师儒既苦不给，经费均觉不充，教学交困"[②]。

1928 年 1 月《修正大学区组织条例》出台，规定"每个

---

①　关于三校合并始末更多细节，可参见国立四川大学：《国立四川大学一览》，成都彬明印刷社，1936 年版，载李勇先、高志刚：《巴蜀珍稀教育文献汇刊》（第四十四册），成都时代出版社，2016 年版；王东杰：《国家与学术的地方互动：四川大学国立化进程（1925—1939）》，生活·读书·新知三联书店，2005 年版。

②　《本大学沿革》，载国立四川大学：《国立四川大学一览》，成都彬明印刷社，1936 年版，载李勇先、高志刚：《巴蜀珍稀教育文献汇刊》（第四十四册），成都时代出版社，2016 年版，第 327 页。

大学区设大学一所"且"以所在地之名名之"①。此令有利于
形成校长综理大学学术与行政制度，也促进川省改变"教育分
歧"的状况。是年 3 月，旅沪川人郑宾于等 41 人"请从新建
设四川大学，将所有专门以上各学校分别合并一完整大学"，5
月北洋政府大学院令四川省教育厅核办，但当时因"省府延未
成立，此案遂尔虚悬"②。

　　虚悬日久，财匮愈深。1931 年 9 月，为从根本上解决经
费拮据和院系骈冗的问题，四川省政府秉承中央组织整理大学
委员会之意旨，设立四川省政府整理大学委员会事务所，从事
国立成都大学、国立成都师范大学、公立四川大学的合并及整
理工作，"将三大学重复各系一律归并，指定校地，划一名称，
原有学生并入肄业"③。11 月 9 日，合并终于完成，国立四川
大学正式成立，分文、理、法、农四学院。

　　国立四川大学法学院以公立四川大学法政学院和国立成都
大学法科为基础沿袭和发展。在院址方面，法学院"以成都大

---

　　① 《中央教育法令：甲、条例：修正大学区组织条例（十七年一月二十七日
国民政府公布）》，载《大学院公报》1928 年第 1 卷第 3 期。

　　② 刘文辉：《命令：省府命令：省政府训令为整理大学教育拟将成都大学成
都师范大学四川大学三校合并为一完整大学由（中华民国二十年九月）》，载《四
川省教育厅公报》1932 年第 1 期。

　　③ 刘文辉：《命令：省府命令：省政府训令为整理大学教育拟将成都大学成
都师范大学四川大学三校合并为一完整大学由（中华民国二十年九月）》，载《四
川省教育厅公报》1932 年第 1 期。

63

学南教场校舍为院址"，1934 年 2 月搬迁①，"校本部及文法两院，居市区中心之皇城（皇城为五代时孟蜀故宫，明蜀王蕃府清代贡院)"②。

在系别方面，初设法律学系、政治学系、经济学系③，前川大法政学院专门部改为法政学院专门部，附设于法学院④，法政学院预科学生并入文法预科部⑤，1932 年"法学院专门部暨预科各部，完全结束，不再招生"⑥；1935 年 8 月奉教育部

---

① 国立四川大学：《国立四川大学一览》，成都彬明印刷社，1936 年版，载李勇先、高志刚：《巴蜀珍稀教育文献汇刊》（第四十四册），成都时代出版社，2016 年版，第 145 页。

② 国立四川大学简况出版组：《国立四川大学简况》（1942 年 10 月钞本），载李勇先、高志刚：《巴蜀珍稀教育文献汇刊》（第四十五册），成都时代出版社，2016 年版，第 215 页。

③ 《规章：本校组织大纲草案》，载《国立四川大学周刊》1932 年第 1 卷第 1 期。

④ 国立四川大学：《国立四川大学一览》，成都彬明印刷社，1936 年版，载李勇先、高志刚：《巴蜀珍稀教育文献汇刊》（第四十四册），成都时代出版社，2016 年版，第 327 页。另有记载，"法律本科张子坊等三十六名……截二十一年六月止，修业期满，业经分别举行毕业试验考查成绩及格应予毕业。"《公牍呈报廿年度各系科毕业学生》，载《国立四川大学周刊》1933 年第 1 卷第 25 期；《国立四川大学历届毕业生人数统计表》，载国立四川大学档案第 189 卷，现藏于四川大学档案馆。

⑤ 国立四川大学：《国立四川大学一览》，成都彬明印刷社，1936 年版，载李勇先、高志刚：《巴蜀珍稀教育文献汇刊》（第四十四册），成都时代出版社，2016 年版，第 327 页。

⑥ 国立四川大学：《国立四川大学一览》，成都彬明印刷社，1936 年版，载李勇先、高志刚：《巴蜀珍稀教育文献汇刊》（第四十四册），成都时代出版社，2016 年版，第 329 页。

明令合并原政治学系和经济学系为政治经济学系①；1938 年"法学院将从前之政治经济学系分为政治学、经济学两系"并呈报教育部②；1942 年该校筹办增设法律系司法组③；1948 年5 月至 6 月法学院拟增设社会学系，但教育部令其"应从缓议"④。

此外，原公立四川大学法政学院和国立成都大学法科各系师生也一并并入国立四川大学法学院，这也从另一侧面印证了三校的沿袭关系。比如，国立四川大学法学院法律系第一届毕业生涂瑗、李丽川、陈齐梁等均是前国立成都大学法科法律学系学生，国立四川大学法学院政治系、经济系第一届毕业生谢里融、樊汝勋等分别是前国立成都大学政治学系、经济学系学生。⑤

---

① 四川大学校史办公室：《四川大学史稿》（第一卷），四川大学出版社，2006 年版，第 164 页。

② 《专载国立四川大学二十六年度校务进行概况二十七年七月》，载《国立四川大学周刊》1938 年第 7 卷第 1 期。

③ 《法学院 1942 年院务行政计划书》，载国立四川大学档案，现藏于四川大学档案馆；林诚毅：《十二年来的川大法律系》，载《国立四川大学校刊》1943 年第 15 卷第 12 期。

④ 《川大法学院提议本院增设社会学系案》，载国立四川大学档案，现藏于四川大学档案馆。

⑤ 涂瑗、李丽川、陈齐梁、谢里融、樊汝勋均是 1929 年国立成都大学法科一年级学生，后作为代表写进国立四川大学呈报教育部备案的公文。根据国立四川大学在 1932 年对毕业生近况的调查，涂瑗担任省立第三中高中部主任，李丽川、陈齐梁均任重庆法院推事。国立成都大学：《国立成都大学一览》，国立成都大学，1929 年，第 143—145 页；《纪事第一届毕业生近况一览》，载《国立四川大学周刊》1932 年第 1 卷第 10 期。

（二）参与校务

国立四川大学的校务（尤其涉及学校法律、经费等事项），比如参与组织校务会议、法制委员会、法规委员会、抗战史料搜集整理委员会等工作，都须有法学教授代表参加。以校务会议为例，根据该校组织大纲对校务会议的规定①，1933 年，法学院教职员中担任第一届校务会议会员的有院长熊晓岩、法律系主任谢盛堂、政治系主任尹文敬、经济系主任张籍、训育主任倪振华、教授代表孔庆宗与张永宽。② 第二届会员中法学院院长为吴永权，教授代表为张永宽与龙守荣，另外政治系主任尹文敬因事请假由张和笙代理。③ 1934 年，第三届校务会议会员有政治系主任吴永权。④ 议题紧扣时代背景与学校发展，法学院参与校务更深，比如第二次校务会议讨论"主席交议四川省教育厅应拨本大学经费，拖欠至巨，应如何接洽案"⑤，为此经费，学校曾"委托法学院事务主任何式臣、秘书长吴永

---

　　① 《规章本校组织大纲草案》，载《国立四川大学周刊》1932 年第 1 卷第 1 期；《公牍牌告修正本大学组织大纲》，载《国立四川大学周刊》1932 年第 1 卷第 4 期；《规章国立四川大学组织大纲》，载《国立四川大学周刊》1935 年第 4 卷第 6 期；《专载修正国立四川大学组织大纲》，载《国立四川大学校刊》1939 年第 8 卷第 11 期。

　　② 《纪事校务会议定期成立》，载《国立四川大学周刊》1933 年第 1 卷第 14 期。

　　③ 《纪事第二届校务会议会员》，载《国立四川大学周刊》1933 年第 2 卷第 5 期。

　　④ 《纪事第三届校务会议会员一览》，载《国立四川大学周刊》1934 年第 3 卷第 6 期。

　　⑤ 《纪事第二次校务会议定期举行》，载《国立四川大学周刊》1933 年第 1 卷第 16 期。

权、教授魏嗣銮先后驰赴自井重庆，分别接洽"①。而法制委员会、法规委员会的主席委员分别为法学院院长徐敦璋②、法学院教授兼系主任朱显祯③，牵头整饬校务。

（三）师资人数

国立四川大学法学院有教员三十余人，其中法律系（含司法组）十余人，即便在抗战迁校峨眉时期，法学院仍新聘具有学术和实务影响力的教员。国立四川大学时期的法学教员学历水平更高，法政从业的经历更加丰富，担任课程的范围更加广泛。1934 年 2 月，法学院教员有 34 人，其中法律系最多，有谢盛堂、王翰芳、龙守荣、郑泽、黄屈、胡恭先、裘千昌、朱玉裁、宋维经、吴曼阳、向景、江静、赵念非等 13 人，其中 7 人均留学日本。④ 1936 年，法学院教员统计有 24 人⑤，其中法律学系教授 7 人为朱显祯、胡恭先、裘千昌、龙守荣、罗世齐、钟行素、胡元义。⑥ 1940 年 4 月，法学院教员有 30 人，

① 《特载本大学经费概况》，载《国立四川大学周刊》1933 年第 1 卷第 11 期。

② 《纪事四委会委员均聘定》，载《国立四川大学周刊》1935 年第 4 卷第 3 期。

③ 《附载本大学各委员会委员名单》，载《国立四川大学校刊》1940 年第 9 卷第 6 期。

④ 《国立四川大学教员履历表》(1934 年 2 月制)，载国立四川大学档案，现藏于四川大学档案馆。

⑤ 《国立四川大学各学院教员人数统计表》，载国立四川大学档案，现藏于四川大学档案馆。

⑥ 《国立四川大学法学院要览》，载国立四川大学档案，现藏于四川大学档案馆。

其中法律系有教授朱显祯、胡恭先、傅况麟、裘千昌、罗世齐、龙守荣、钟行素、胡元义8人及助教伍柳村、刘汝荣2人。[①] 1942年下期该校法学院教员有35人，其中法律系9人即教授胡元义、余群宗、朱显祯、杨兰荪、赵念非、罗仲甫、钟行素和助教刘尚之、吴治；司法组7人，除了主任胡元义兼任外，还有教授裘千昌、龙守荣、胡次威、宋维经、宁柏青和助教林诚毅。[②] 1944年法学院教员有36人，其中法律系有10人，即教授余群宗、胡元义、钟行素、杨兰荪、罗世齐、赵念非、刘世博，特约教授刘笃、龙显铭，助教陈鹏；司法组有6人，即教授龙守荣、裘千昌，特约教授胡次威、宁柏青、宋维经，讲师林诚毅。[③] 部分国立四川大学法学院教员履历见表4—1。

---

① 《国立四川大学教职员录》(1940年4月印)，第18—19页，现藏于四川大学图书馆。

② 《国立四川大学法学院三十一年度下期教职员姓名表》，载国立四川大学档案，现藏于四川大学档案馆。

③ 《1944年度法学院教员薪资》，现藏于四川大学档案馆。

第四章　国立化运动时期的四川大学法学教育

表4-1　部分国立四川大学法学院教员履历表①

姓名	履历
谢盛堂	京师法律学堂毕业，曾任湖北东湖县初级审判厅监督推事、宜昌商埠地方检察厅检察官、湖北高等审判厅推事、成都地方审判厅厅长、四川高等审判厅庭长、四川高等检察厅检察长、公立法政专门学校教务长、前川大教务主任、前成大法律系主任
王翰芳	日本东京帝国大学经济学士，曾任前国立法政大学教授，国立西北大学法科主任斋务长，省立河南大学、国立北平大学法学院教授，平民大学讲师
龙守荣	四川垫江（现重庆垫江）人，日本西京帝国大学法律科毕业，曾任前北京法权讨论委员会秘书、京师地方审判厅推事、收回法权筹备委员会接待员、廿一年主任司法委员、忠县法院院长兼推事
郑泽	日本高等师范毕业，日本九州帝国大学文学士，曾任湖南大学教授
黄屈	日本第八高等学校卒业，日本东北帝国大学法学士，曾任上海江南学院教授、省立安徽大学教授

---

① 《纪事新聘教授略历（未完）》，载《国立四川大学周刊》1932年第1卷第2期、《纪事新聘教授略历（续第二期）》，载《国立四川大学周刊》1932年第1卷第4期；《校闻本校新教授纷纷莅校附表》，载《国立四川大学周刊》1938年第7卷第1期；《校闻新聘教授介绍》，载《国立四川大学校刊》1941年第11卷第5期；《校闻本学期新聘教授介绍》，载《国立四川大学校刊》1941年第10卷第1期；《校闻法学院院职 程校长聘朱显祯先生担任》，载《国立四川大学校刊》1941年第10卷第2期；《本校教授题名录胡次威》，载《国立四川大学校刊》1943年第15卷第4期；《本校教授题名录裴千昌》，载《国立四川大学校刊》1943年第15卷第4期；《本校教授题名录胡元义》，载《国立四川大学校刊》1943年第15卷第2期；《国立四川大学教员履历表》（1934年2月制），载国立四川大学档案，现藏于四川大学档案馆；《国立四川大学教职员录》（1940年4月印），第18—19页，现藏于四川大学图书馆。

姓名	履历
胡恭先	四川西昌人，日本京都帝国大学法学士，曾任国立中山大学、暨南大学法学院教授，省立安徽大学法学院教授兼政治系主任、法学院院长
裘千昌	浙江奉化人，日本九州帝国大学法学士，曾任广州国立中山大学法学院教授、安徽大学法学院教授兼法律系主任及前成都大学法学教授等
朱玉裁	北京朝阳大学毕业，曾任前四川第一高等审判分厅推事、成都地方检察厅首席检察官、南充地方审判厅推事、前成大讲师、川大教授、四川高等法院检察官
宋维经	国立北京法政专门学校毕业，曾任南郑地方审判厅厅长、成都地方审判厅厅长兼代高等审判厅职务、巴县地方审判厅长、河南地方检察长、巴县地方法院首席检察官、四川高等法院民事第一庭长
吴曼阳	国立北京大学法学士
向景	国立北京大学法学士，曾任国立北京大学、武汉大学教授、讲师
江静	北京法政大学毕业，曾任重庆市政公所公安课长、四川公立法政专门学校讲师、四川公立警专教授、二十八军七师部军处长
霍坚	日本早稻田大学毕业，曾任北京法政大学教务长、吴淞中国公学总务长、广东前山军务局长、清远新会县县长
孔庆宗	四川长寿人，国立北京大学经济系毕业，布鲁塞尔大学博士，曾任国立中央大学教授、京师地方检察厅书官、中国驻新义州领事馆及驻丹麦公使馆主事、驻比公使随员兼副领事、现充二十四军顾问及政治经济讨论会副委员长
朱显祯	四川璧山人，日本京都帝国大学毕业，曾任国民会议四川代表、国立中央大学教授兼法律学系主任、国立中山大学教授及民众法律顾问处主任

姓名	履历
罗世齐	四川威远人，北京法政专门学校肄业，日本东京法政大学法律本科毕业，曾任前四川法政、商业、专门警监专门教员，国立四川大学讲师，云南省立云南大学、国立云南大学教授兼法律系主任等职
何基鸿	日本东京帝国大学法学士，德国柏林大学研究员，曾任国立北京大学法学院院长兼教务
方学李	德国博恩（Bonn）大学法律学博士
杨光湛	四川遂宁人，日本中央大学法学士，曾任吉林、黑龙江、奉天各省高等检察厅厅长，大理院推事，最高法院广东分院庭长，国立广东大学教授，国立成都大学教授，国立中山大学教授及系主任
赵念非	四川大足人，日本九州帝国大学法学士，浙江省警官学校刑法校官、四川大学民法教授、中山大学刑法教授
胡元义	日本东京帝国大学法科毕业，曾任湖北高等法院检察官及推事，国民政府司法部科长，武汉大学、清华大学、西北联大等校教授
胡次威	国立四川大学法律系特约教授，任四川省民政厅厅长
傅况麟	四川营山人，国立中央大学法学士，曾任南京中央日报、中国国民党党军日报、文化日报、妇女晨报、新中华报、新声周刊等报主笔或总编辑，首都法政讲习所教员，南京京华中学校长，南京特别市市民银行主任，中央振济委员会委员，川康绥靖主任公署机要秘书兼驻汉办事处少将处长，国立四川大学教授兼秘书长，并于京、苏、沪、渝执行律师业务
钟行素	四川富顺人，法学士，文学士，复旦大学研究院研究员，曾任复旦大学中英文秘书、训育主任、教员，中国公学法律学系教员，在上海执行律师职务，曾任上海县教育局教育委员、本校法学院教授兼训导主任等职

姓名	履历
伍柳村	四川大学法律系毕业，曾任四川高等法院第五分院书记官、峨眉县小学教员讲习会讲师、峨眉县立简易女子师范学校教员
刘汝荣	国立四川大学法学士，曾任自贡市市政府军法之职

（四）学生构成

整体而言，全校学院中文学院学生数量最多，法学院属于中等规模；法学院中经济系学生人数最多，法律系人数占全院三四成。这个数量级和比重难与清末民初法政之显学地位①相提并论，也不及四川公立法政专门学校人数居五校之首的规模，但国立四川大学法学院是民国时期非常重要的法学院，根据民国时期《第一次中国教育年鉴》对1931年度专科以上学科编制的统计，13所国立大学中有9所设有法学院、国立四川大学就是其中之一。②。

国立四川大学法学院学生人数先减后增，尤其后期接收了

---

① 清末民初全国学生趋于法政之途，法政学堂数量占高等学堂比例超过一半。"1909年全国共有学堂（按指高等教育层次）127所，学生23735人，其中，法政学堂47所，学生12282人，分别占学堂总数的37％和学生总数的52％。"而在四川，据郭沫若1910年2月的描述，成都"已经包含了好几座私立法政学校，在反正以后的头一二年间，一时竟陡增四五十座之多。三月速成，六月速成，一年速成，当时的学界制造法政人材真是比花匠造花还要非常的脚快手快"。汤能松、张蕴华、王清云、阎亚林：《探索的轨迹——中国法学教育发展史略》，法律出版社，1995年版，第135页。郭沫若：《划时代的转变》，现代书局，1932年版，第35页。

② 参见教育部中国教育年鉴编审委员会：《第一次中国教育年鉴》（丁编），开明书店，1934年版，第48页。

大量抗战内迁的借读生。第一，受军阀混战①等因素影响，法学生数量从1932年第一学期的479人减少至1935年第二学期的163人（见表4－2），相应的法律系学生数从115人减少至66人②（见表4－3）；但后期，全校人数随抗战内迁而增长，1939年法学生已有456人③。

表4－2 国立四川大学法学院历期学生人数统计表（1932—1935年）④

学　期 ＼ 人　数 ＼ 院　别		法学院	全校总数
廿一年度	第一学期	479	1824
	第二学期	361	1495
廿二年度	第一学期	297	1144
	第二学期	264	981
廿三年度	第一学期	216	787
	第二学期	196	722

---

① 该校合校之初师生人数减少的一个重要原因是战乱，尤其是"刘（文辉）田（颂尧）巷战以川大皇城校舍为主战场"，严重影响正常教学秩序，导致学生离校、新生人数少得需要补招。四川大学校史办公室：《四川大学史稿》（第一卷），四川大学出版社，2006年版，第144页。

② 《呈报本大学学生人数》，载《国立四川大学周刊》1932年第1卷第10期；《国立四川大学在校学生人数统计表（二十四年度）》《国立四川大学在校学生人数比较图》《国立四川大学在校学生性别比较表（二十四年度）》《国立四川大学历期学生人数统计表》，载国立四川大学档案，现藏于四川大学档案馆。

③ 四川大学校史办公室：《四川大学史稿》（第一卷），四川大学出版社，2006年版，第215页。

④ 《国立四川大学历期学生人数统计表》，载国立四川大学档案，现藏于四川大学档案馆。

续表4-2

学　期 \ 人　数 \ 院　别		法学院	全校总数
廿四年度	第一学期	165	793
	第二学期	163	758
		民国廿五年四月注册课制	

表4-3 1932年、1935年国立四川大学法学院学生人数统计表①

（单位：人）

年份	院系	年级				性别		合计
		一	二	三	四	男生	女生	
1932年	法律系	73	27	15	0	111	4	115
	法学院	178	92	68	23	344	17	361
1935年	法律系	9	5	16	36	61	5	66
	法学院	26	14	33	90	149	14	163

　　第二，法学院接收大量借读生，展现了国立大学的包容与担当。学校抗战以前的学生"十分之八九籍隶四川省"②，抗

---

　　① 此表由笔者根据国立四川大学原有统计表册整理制作，数据来源：《呈报本大学学生人数》，载《国立四川大学周刊》1932年第1卷第10期；《国立四川大学在校学生人数统计表（二十四年度）》《国立四川大学在校学生人数比较图》《国立四川大学在校学生性别比较表（二十四年度）》《国立四川大学历期学生人数统计表》，载国立四川大学档案，现藏于四川大学档案馆。

　　② 国立四川大学简况出版组：《国立四川大学简况》（1942年10月钞本），载李勇先、高志刚：《巴蜀珍稀教育文献汇刊》（第四十五册），成都时代出版社，2016年版，第229页。

战之后借读生数量增加。仅 1937 年一年，学校"先后共收借读生四八八名"，其中"法学院二〇九名"①，占比 42.83%，居四学院之首。国立四川大学也因此更具"普遍之全国性"，在国难之时展现民族的共同精神，"使战前富有浓厚地方色彩之川大，一变而为名副其实之国立大学"②。

二、国立之标准：国立四川大学法学院的办学情况

国立四川大学法学院的历史可追溯至清末官班法政学堂，其发展过程在一定程度上可谓一部近代四川法学教育进化史。与公立四川大学时期学院各自为政的形势不同，国立四川大学加强院校制度建设，法学院遵照国立化大学的办学标准，规范行政管理与教研活动。

（一）制定行政计划与进度表

现存国立四川大学档案保存了非常详细的法学院历年院务行政计划书及工作进度表（1940 年至 1945 年，缺 1941 年）。其时，法学院总结既往、开拓新篇，在行政计划书中详细陈述事项现状与目标，在工作进度表中逐项比较原定计划与工作情

①《专载国立四川大学二十六年度校务进行概况二十七年七月》，载《国立四川大学周刊》1938 年第 7 卷第 1 期。另说"计于二十六年度一年之间，即收借读生四百八十九名"。国立四川大学简况出版组：《国立四川大学简况》（1942 年 10 月钞本），载李勇先、高志刚：《巴蜀珍稀教育文献汇刊》（第四十五册），成都时代出版社，2016 年版，第 229 页。

② 国立四川大学简况出版组：《国立四川大学简况》（1942 年 10 月钞本），载李勇先、高志刚：《巴蜀珍稀教育文献汇刊》（第四十五册），成都时代出版社，2016 年版，第 232 页。

形。其中 1943 年还有一份专门的工作对照表，摘录如下（见表 4-4）。

表 4-4　国立四川大学法学院 1943 年上、下学期院务工作对照表①

原定计划	工作情形	进度比较
遵照部颁课程标准开课	上期：上期开学甚早，各系组课程开齐，上课时间甚长 下期：继续上学期课程讲授	上下两期应授课程均如期授毕
购置图书及印刷讲义	上期：本大学因经费困难购书不易，未能如量购齐，但讲义仍继续印刷 下期：续购图书，印刷讲义约十五种之多	上下两期除新书杂志未如量购齐外，印刷讲义均如数印出
学术研究会	上期：本院法学研究会、政治学会、经济学会，每二周讨论专题一次或聘专家讲演 下期：继续上期计划进行	上下两期进度与原定计划相合
定期出版刊物	上期：法学月报每月出刊一次，经济季刊每期出刊一次 下期：除法学月报及经济季刊如期出刊外，每出大地政治论文四种	上期与原定计划相合 下期除进行原计划外，另行增刊大地论文工作
研究室	本大学因房舍有限，各系研究室未能设置，但在上学期已设有法学院研究室可以应用	如计划设置
民众法律顾问处工作	上期：继续上年度计划，代民众解决法律上问题，并宣传法律知识 下期：继续上期工作进行	与原定计划相符

---

① 《国立四川大学法学院三十二年上、下学期院务工作对照表》，载国立四川大学档案，现藏于四川大学档案馆。

续表5-4

原定计划	工作情形	进度比较
实习与调查	上期：因寒假甚短，未行何种调查实习 下期：各系学生就其学科之所近由本院介绍至有关机关实习与调查	下期与原定计划相合

　　法学院历年行政计划和进度表所列事项数量不一，少则七项，多则十项。各年内容在教育部规定下有不同偏重和发展，大致可以归纳为课程、图书与讲义、学术研究、实习与调查、教员与教学、导师制度、学业奖励、司法组、民众法律顾问处、法庭实习室、出版书刊、社会学系等十二项。其中前五项关乎大学教育中最基础的教学与科研，几乎是历年必需的考察事项。而后期随着院系建设、教学制度的稳定，法学院加强了学以致用，注重通过出版学术报刊以促进学术发声，通过开设模拟法庭以提升法律素养，通过开展民众法律顾问处工作以加强与社会的互动（见表4-5）。

表4-5　国立四川大学法学院年度行政计划事项（1940—1945年）①

事项	1940年	1942年	1943年	1944年	1945年
课程	√	√	√	√	√
图书与讲义	√	√	√	√	√
学术研究	√	√	√	√	√

---

　　①　本表由笔者根据国立四川大学档案中《1940年至1945年年度院务行政计划书》整理，现藏于四川大学档案馆。

续表4-5

事项	1940年	1942年	1943年	1944年	1945年
实习与调查	√	√	√	√	√
教员与教学	√	√		√	√
导师制度	√	√			
学业奖励	√				
司法组		√			
民众法律顾问处		√	√	√	√
法庭实习室		√	√	√	
出版书刊			√		√
社会学系					√

（二）完善法律系课程制度

国立四川大学法学院课程均照教育部规定标准开设齐全，分期授毕。该校组织课程委员会，加强文法学院与理农学院功课的沟通，要求编定课程指导书。[①] 法学院遵照教育部制定的必修及选修科目表、共同必修科目表、修正法律学系课程等标准开设法律系课程并及时调整编排[②]，优化学程管理。比如1937年法律系开设50门课，将原本全系学程通表划分出年级

———————

① 薛兴奎：《校闻本年度第一次课程委员会纪录》，载《国立四川大学周刊》1937年第6卷第2期。

② 参见国立四川大学法学院档案，现藏于四川大学档案馆；《训令教育部训令中华民国廿七年九月廿三日发字第七五五一号令国立四川大学》，载《国立四川大学周刊》1938年第7卷第2期；林诚毅：《修订法律系课程表之商榷》，载《国立四川大学校刊》1943年第15卷第7期。

和必修、选修（见表4-6），更新表册项目以突出课程关键信息，明晰课程年级、担任教员、授课星期、每周时数、限选条件等。①

表4-6　1937年度第一学期国立四川大学法学院法律学系课程汇总②

法律系	一年级	二年级	三年级	四年级
必修	民法总论	刑法分则	债权各论	民法亲属
	刑法总论	刑事诉讼法	票据法	民法继承
	宪法	行政法	民事诉讼法	保险法
	政治学	国际公法	民法物权	国际私法
	经济学	社会学	海商法	破产法
	军事学	体育	土地法	强制执行
	军事看护学	党义	公司法	体育
	军事训练	国文	刑事政策	党义
	体育	英文	债权总论	
	党义	中作文	体育	
			党义	
			英文	

----

① 《国立四川大学法学院法律学系课程一览表（民国二十六年度一学期）》，载国立四川大学法学院档案，现藏于四川大学档案馆。

② 此表由笔者根据国立四川大学法学院档案整理。

续表4-6

法律系	一年级	二年级	三年级	四年级
选修	监狱学	西洋通史	刑事诉讼实习	法律哲学
	自然科学概论	罗马法	法语	法语
	伦理学	国际关系	日语	日语
	哲学概论	会计学		军事学
	教育概论	会计实习		军事训练
	法院组织法			中国政治思想史
				民事诉讼实习

（三）增加图书购置与书报出版

购置图书与印刷讲义是国立四川大学法学院的工作重点之一，学院克服运输不便、经费困难等问题，为法学生提供更丰富的资料来源和查阅渠道。1935 年，法学院院长徐敦璋考虑到法学院自身并无图书馆供学生使用，当即设立"图书参考室"，将学校图书馆中"关于政治、经济、法律之书籍、报章、杂志"[1] 全部移至该室，并且续购大量图书，以丰富学生的参考资料，至 1936 年图书费"已增加到一万五千元"[2]。而司法组也配备了专门的资料设备，包括民法、刑法、商法、诉讼法及其他各部之 60 本研究室参考用书，学院老师自编各科之 19

---

[1]　《纪事法学院图书室开放》，载《国立四川大学周刊》1935 年第 4 卷第 16 期。

[2]　《校闻民众法律顾问处成立会纪念》，载《国立四川大学周刊》1936 年第 4 卷第 31 期。

本研究室参考用书，关于实务用书、裁判例稿及法官制服之 5
类实习设备。① 法学院历年行政计划中均包含增购教科书和参
考书、出版教授专著和讲义，比如 1940 年法学院拟在购置图
书仪器费中"分配订购英美最近原本，以增进学生现代知
能"②，比如 1944 年已出版的教授著作有"余群宗教授著《土
地法论》，胡元义教授出版《破产法论》及《民法总则》"③。
此外，法学院还出版学术刊物，其中 1942 年 11 月朱显祯、裘
千昌、胡元义教授创办的《法学月报》被林诚毅教授称赞为
"法律系最值得说的成绩"，该刊"经费一部分是法律系教授和
毕业同学的乐捐，一部分是由学校负担，现在已经出到四
期④，这是目前国内仅有的刊物，不仅是表现四川大学的成
绩，而且对于国家社会裨益极大"⑤。

（四）创办法律学会和社团

国立四川大学要求"每人须参加一种学术研究团体，至多

---

① 《司法组教育设备》，载国立四川大学档案，现藏于四川大学档案馆。

② 《二十九年度法学院之行政计划事项》，载国立四川大学档案，现藏于四
川大学档案馆。

③ 《三十三年度法学院院务行政计划书》，载国立四川大学档案，现藏于四
川大学档案馆。

④ 笔者注：分别是 1942 年 11 月 30 日出版的创刊号，1942 年 12 月 31 日、
1943 年 4 月 30 日、1943 年 5 月 30 日出版的第一卷第二期、第三期、第四期，现
藏于四川大学图书馆。

⑤ 林诚毅：《十二年来的川大法律系》，载《国立四川大学校刊》1943 年第
15 卷第 12 期。

不得超过三种"①，这种支持学生参与学术活动的态度为学生筹建社团、开展研究营造出良好氛围。1939 年 11 月，法学院创办法律学会并于 12 月 23 日午后 3 时召开新生入会活动，代理秘书长兼法学院教授傅况麟、系主任朱显祯及会员 110 余人参加。② 1942 年法学院拟定法律学会工作五项："（一）鼓励学生参加研究；（二）定期出刊——每周出壁报一张及每学期出版季刊一册；（三）学术演讲；（四）时事专门问题讨论；（五）法律学会每周开假法庭一次。"③ 1943 年，法律学会因学校迁回成都后未确定假法庭地点而暂停该项工作，但随后即筹建法庭实习室，花费 5000 元，"内置法庭用具"，以便法律系尤其是司法组学生实习之用。④ 此外，根据该校登记在册的课外活动学术社团，该校有以下 7 个法学会团体（见表 4-7）。

① 《国立四川大学指导学生学术研究纲要》，载《国立四川大学校刊》1940年第 8 卷第 8 期。

② 《法律学会欢迎新会员入会》，载《国立四川大学校刊》1940 年第 8 卷第 1 期。

③ 《国立四川大学法学院三十一年度院务行政计划书》，载国立四川大学档案，现藏于四川大学档案馆。

④ 《国立四川大学法学院法律学系卅二年度系务行政计划书及工作进度表》《三十三年度法学院院务行政计划书》《国立四川大学法律学系司法组卅二年度一二年级两班经常费及设备费分配表》，载国立四川大学档案，现藏于四川大学档案馆。

表4—7 国立四川大学各学术团体统计表（法学会）①

团体名称	人数	负责人
正风法学会	70	彭俊
平直法学研究会	42	刘奉麟
衡平法学会	18	高宇平
明辨法学会	44	单德生
立心法学研究会	30	莫义富
明真法学会	16	汤宗彝
求是法学会	18	曾淑萱

三、国立之责任：国立四川大学法学院的社会活动

（一）设立民众法律顾问处

民众法律顾问处是法学院承担社会教育责任的一个重要体现，既服务社会，也以社会治学。1935 年 11 月 1 日下午 3 时，法学院院长及教授十余人参加第一次院务会议并讨论设立民众法律顾问处。② 次年 2 月 14 日，胡恭先教授书面提议"早日实现民众法律顾问处并添聘助教"并经第二次院务会议议决"由院长会同法律系主任商请校长办理"。③

---

① 《国立四川大学各学术团体统计表》，载《川大学生》1948 年第 2 期。
② 《纪事法学院举行院务会议》，载《国立四川大学周刊》1935 年第 4 卷第 9 期。
③ 《校闻二十四年度法学院第二次院务会议录》，载《国立四川大学周刊》1936 年第 4 卷第 22 期；《校闻民众法律顾问处成立会纪念》，载《国立四川大学周刊》1936 年第 4 卷第 31 期。

1936 年 4 月 11 日，该处正式成立并举行纪念典礼，有百余位师生参加。首先，校长任鸿隽致辞并指出"民众法律顾问处在本校为法学院特殊组织，即以全中国而论，亦只有广州中山大学有此种特殊之组织"，这种新的机构有助于向民众推广新的司法制度、使学生尽早了解社会情形并积累法律诉讼经验。其后，法律顾问处主任裘千昌报告该处创设经过，认为该处在法学教育层面"是添一门研究具体的个别的问题之讲义，借以补抽象的一般的讲义之不足"，在社会服务方面，能够通过免费解疑答惑"使一般民众可以得到法律的利益"。随后，法学院院长徐敦璋表示民众法律顾问处应民众化、社会化，故该处"房屋简单朴素，不致令民众望见洋房大屋而生畏"。最后，法律系主任朱显祯发言，他一方面介绍了法律顾问处的先例，"自中山大学民众法律顾问处成立之后，成绩很不坏，颇博得社会一般的赞许，因此，广州教育局也仿照中山大学成立了民众法律顾问处，而且还聘了几位律师来办理，其成绩亦远不坏"，表达了对本校民众法律顾问处的期许；另一方面，他认为法律系学生"除了研究课本上的法律知识而外，更进而研究社会上的法律问题，使学理与社会发生关系起来"，还应打破"有理无钱莫进来"的观念去帮助民众。[①]

4 月 13 日，《国立四川大学周刊》以专文介绍民众法律顾

---

① 《校闻民众法律顾问处成立会纪念》，载《国立四川大学周刊》1936 年第 4 卷第 31 期。

问处的两大意义：一是追求法律在社会中的妥当性。作为该校与民众接触之法律机构，该处"一方为民众无偿的法律顾问机关，他方为法律系诸生研究活用法律之实验所"，既实现了法学知识服务社会的作用，也能激发学生研究兴趣以弥补抽象法律教育的缺点。二是促使人民得裁判均等的实惠。"现行法律制度之裁判，实以律师为供给策动司法机关之'动力'。"该校民众法律顾问处作为法律援助事业，有助于保护无产者和劳动者的权利，"其组织虽不若欧美之完全，但亦欲效作欧美法律扶助事业之活动也"①。

同期《国立四川大学周刊》还公布了民众法律顾问处简章附法律质疑须知②：

国立四川大学法学院民众法律顾问处简章

第一条　本处定名为"国立四川大学法学院民众法律顾问处"。

第二条　本处以解答民众法律疑难及增进民众法律知识为宗旨。

第三条　本处设置主任一人、助教若干人，书记若干人。

---

① 《校闻本校附设民众法律顾问处定期成立》，载《国立四川大学周刊》1936 年第 4 卷第 28 期。

② 《校闻本校法学院民众法律顾问处简章》，载《国立四川大学周刊》1936 年第 4 卷第 28 期。

主任由院长商请校长聘法律学系教授兼任之，不另设支薪金。助教、书记由本处主任会同院长提请校长委任之。

第四条　本处设顾问若干人，由院长商请校长就法律学系教授中聘任之，如有法律上之重大疑难得请各顾问分别答解。

本处顾问不另支薪金。

第五条　本处为便利法律系教授及学生研究起见，应尽量供给资料。

第六条　本处所解答之一切法律质疑对外有严守秘密之义务。

第七条　本处不拟具诉状或出庭辩论，所有解答纯尽义务并不负胜败之责。

第八条　本简章由校长核准施行，如果有未尽事宜，得由本处主任提请校长修正之。

附法律质疑须知

（一）凡有法律上疑难，欲求本处解答者用书面或言词均可。

（二）本处答复概用书面，但得斟酌情形以言词为之。

（三）凡用信函质疑者，须具真实姓名详细住址，附具邮票二分，外埠五分，空函不复。

（四）本处不拟具诉状出庭辩论及翻阅本案卷宗。

（五）本处所有答复均遵守秘密，不向外公布。

（六）本处对于询问事件，当依法律上之见解而为答复，但不负胜败之责任。

（七）询问事件不拘多寡，但每事件须晰叙清述分项书明。

（八）本处所为答复纯尽义务，不征费用。

民众法律顾问处成立之后工作紧张，反响热烈且深受好评。自 4 月 11 日至月底，民众"请求解答者，异常踊跃"，"接收询问事件共四十六件"，其中民事 28 件，刑事 8 件，行政事件 3 件，其他事项 7 件。即便对于"询问不属于该处解答范围内者"，该处仍"皆依照规定，分别用书面或言词答复，务使问者对于询问事件于法律上有明确之认识，及合理之处置"[1]。该处的设立与工作是学校重要的工作成果和亮点，"自成立以来，社会人士极为称许，来函请为指导或请教者，络绎不绝，此该校为社会服务之一端也"[2]。该处还参与社会教育、抗战建国服务，比如学校社教推行委员会"民众法律顾问组工作，拟参加本大学法律系主办民众法律顾问处共同公作，与本大学附近各乡镇调解处取得联络，协同进行"[3]。

---

[1]　《民众法律顾问处工作紧张》，载《国立四川大学周刊》1936 年第 4 卷第 32 期。

[2]　《一年来之四川大学（二）》，载《申报（上海版）》1936 年 7 月 25 日。

[3]　《校闻本大学社教推行委员会预拟各种工作计划》，载《国立四川大学校刊》1941 年第 10 卷第 1 期。

（二）抗战时的教育与活动

国立四川大学在抗战时期"全国独善"，法学院在抗战期间调整教学与科研内容，师生们投身于抗日救亡运动之中，在大后方声援抗战。

第一，法学院在国难时期调整课程并开展科研，加强对战时国际关系与法律的关注。在课程方面，法学院"删除一部分'不适合非常时期之需要'的科目，法律系的《英文政治选读》，政治经济系的《现代政治问题》《社会政策》《政党论》《经济政策》《商业经济》《公文程式》《法学通论》，共在 10 余种科目中增加关于战时内容。增设《战时经济》课程，及《粮食统制问题》《全川稻米产销状况》等研究科目"；在科研方面，法学院开展和加强了"对国难时期国际公法、国际贸易、工商组织管理、地方行政、社会问题、土地问题、日本现状、统制经济问题、战时政府、国际关系等十个方面的研究"①。

第二，法学院师生组织、参与抗日救亡运动。法学院院长及训育主任、各系主任及教员代表参与校务会议，讨论"抗日方案"，提出"培养校风以转移社会风尚""注重学生学业以养成健全分子""增设日本问题研究讲座以普遍对日常识""增设军事训练以普遍军事常识""注重军事科学以谋军备之进步""援助抗日各军""努力提倡国货""调查关系事件""定期分区

---

① 四川大学校史办公室：《四川大学史稿》（第一卷），四川大学出版社，2006 年版，第 174 页。

演讲""印发宣传物"等标本兼治的策略。[1] 法学院教员黄宪章、徐敦璋、朱文、杨佑之、朱显祯担任"战时常识编译委员会"委员，讨论了表彰捐献抗敌费、欢送川军出川抗日等事。[2] 法学院教员曾天宇、杨伯谦、熊子骏担任"抗战史料搜集整理委员会"委员，整理川军的抗战伟业与光荣表现。[3] 在学生层面，法学院旅平同学会代表函致母校师生，为前线抗战将士发起募捐。[4] 法学院法律系学生王玉琳于 1936 年 11 月 28 日与其他进步学生组建"川大学生援助绥远抗战会"；1937 年 7 月组建"四川大学学生抗战后援会"并担任主席，还担任该会设立的"战时常识编译委员会"委员，同月担任"四川省抗敌后援会"东城区指导员、"国立四川大学抗敌后援会"常委[5]，慰问民工、宣传抗日[6]；1938 年担任中共川大总支书

---

① 《纪事第三次校务会议开会》，载《国立四川大学周刊》1933 年第 1 卷第 20 期；《专载国立四川大学抗日方案》，载《国立四川大学周刊》1933 年第 1 卷第 21 期。

② 四川大学校史办公室：《四川大学史稿》（第一卷），四川大学出版社，2006 年版，第 188 页。

③ 《专载国立四川大学二十六年度校务进行概况二十七年七月》，载《国立四川大学周刊》1938 年第 7 卷第 1 期。

④ 《特载喜峰口飞来之呼声本大学法学院旅平同学会代表来函》，载《国立四川大学周刊》1933 年第 1 卷第 15 期。

⑤ 四川大学校史办公室：《四川大学史稿》（第一卷），四川大学出版社，2006 年版，第 187—188 页。

⑥ 四川大学校史办公室：《四川大学史稿》（第一卷），四川大学出版社，2006 年版，第 189—190 页。

记①，1939 年赴延安并成为骨干，后来"担任延安市青年联合会主任，陕甘宁地区高等法院推事，最高人民法院副院长"②等职。

四、小结

国立四川大学在成立后展现出大学精神的新风貌，即"中华民族之共同精神与四川同胞之特殊精神"③。校长任鸿隽在1935 年 9 月 16 日的开学日暨第一次纪念周演说中指出川大肩负"输入世界的智识""建设西南文化的重心""民族复兴"的使命和责任。④ 哲学系教授黄建中从"刻苦研究""劳动服务""战斗牺牲"三个方面归纳了川人精神，并希望发挥地域优势，服务抗战建国。而从法学院的角度而言，筹建法律系、司法组最主要的目的是造就法律人才尤其是司法实务人才，以补救司法机关人才不敷分配之弊，该系组的建立也有助于普及法律知识。为此，法学院组织或参与了多项工作，推进教育与社会的互动，增加法政人的发声与影响。

在国立四川大学法学院的教育活动中，有三个重心：第

---

① 四川大学校史办公室：《四川大学史稿》（第一卷），四川大学出版社，2006 年版，第 202 页。

② 四川大学校史办公室：《四川大学史稿》（第一卷），四川大学出版社，2006 年版，第 204 页。

③ 黄建中：《川大新精神》，载《国立四川大学校刊》1939 年第 11 卷第 11 期。

④ 《四川大学的使命——在本学期第一次纪念周演说》（1935 年 9 月 16 日），载《国立四川大学周刊》1935 年第 4 卷第 2 期。

一，培养法治精神，使青年学子认识到"法律智识之必要"，激发学习兴趣和提倡法治的精神；第二，培养法律头脑，即"有组织的、公允的，处理事务之头脑"，使法学生具有法律思维，"处理一个问题，往往不单就这个问题面处理，而是考虑到一切的关系整个的问题而处理"，并通过解决关键问题高效应对全局；第三，培养司法人才，"川大历年教授法律的方法，不单是专求理论之完整，更求实际的活用，所以川大各教授之讲义多以法律理论为经，以例判解释为纬"。得益于教授方法的适当和学生自己的努力，在四川审判官考试、川滇黔三省司法官考试中，傅应奎、龙显铭、黄丹崖等同学均先后取得第一，其他应试者也大多考上，"当时的主试委员司法部部长王用宾先生亦表示极度的惊异"①。

在四川大学国立化的进程中，法学院进一步从专门教育向综合性大学法学教育转变，教学弦歌不辍，开展法律援助，在大后方尽己所能拓展法学教育活动，力求落实国立化大学法学院的权责。国立四川大学不只是四川的大学，"而是中国的大学"②。真正的"国立"，不只是在名义上得到教育部的认可并遵章办学，在经费上由国库支付，还有在人员上广纳全国师生，在实践中履行社会责任，在精神上展现家国情怀。

---

① 《川大法律教育重心》，载《国立四川大学校刊》1939 年第 11 卷第 11 期。

② 《川大昨日举行五届毕业典礼》，载《华西日报》1936 年 6 月 5 日，现藏于四川大学图书馆。

下编

第五章　邵从恩先生评传

邵从恩先生，四川青神人，1871年12月出生，四川法政学堂首任监督（校长）。

一、和平老人

在近代百余年的历史中，从四川走出过许多重要人物。他们不仅在各个历史时期留下足迹，而且以自己的学识、勇气以及行动感召世人，并影响历史的进程。邵从恩先生便是这样一位历史人物。

邵从恩，字明叔，被誉为和平老人，生于1871年12月20日，卒于1949年10月1日，四川青神人。邵从恩先生幼年家贫，经勤学苦读，二十岁入学秀才，补为廪生，以高才生资格进入成都尊经书院深造。1897年选拔为贡生转入京师大学堂深造。1902年乡试中举。1904年考中二甲第三十五名进士，并由清廷派遣赴日本东京帝国大学留学，修习法政。1906年先生学成归国，授法部主事，编订全国法官考试条例及全国各级审判厅组织法，后经四川总督赵尔巽奏请，调回四川襄赞新政，主持四川司法筹备处和襄办川汉铁路事宜。同年，任四川法政学堂监督（即校长），培养了一大批法政专科人才，辛亥后川内法律界知名人士多出先生门下。1911 年，由川督赵尔巽派赴东北、朝鲜、日本考察实业建设，并收集法律、政治、经济各项教材，以充实四川法政学堂的教学内容。四川保路运动爆发，保释营救出被川督赵尔丰诱捕的四川保路同志会中间人物蒲殿俊、罗纶、张澜等人。辛亥革命中，老人新手接过赵尔丰的都督大印，并旋即交与咨议局议长蒲殿俊，清廷在四川的统治宣告结束。为稳定人心，于辛亥革命成功后出任川南宣慰使。滇军讨袁后驻防于四川犍为、自流井、乐山，控制四川的盐税，使川、滇军政府处于对峙状况。邵从恩为防四川战端再起，同川军参谋长王佑渝亲往犍为，劝说滇军和平撤出四川防区。后任四川民政部部长。1913 年七月到北京任法制局任参事。北京政法大学开办时，邵兼任教授，主讲宪法。1925 年，刘湘为解决四川统一问题召开四川善后会议，邵从恩从北京返川主持，并被选为善后会议议长。张澜曾致信邵从恩，建议"收拾川局"之策。① 会议停办兵工厂、私自招募和

---

　　① 张澜致信邵从恩说："欲求真能善后之方，则扩张民团实力，使人民有以对抗军阀，而强其就范之具。速制省宪，使人民得有依据大法，为保障自己与限制军阀之资。此二者外，实无良策。"见张澜：《致邵从恩》（1925），载《张澜文集》，四川教育出版社，1991 年版，第 73 页。

筹饷，①并拨付所得自流井、五通桥盐税用于开办四川第一所综合性大学成都大学——四川大学前身。1933 年为避日寇侵略，由北京返川，被刘湘聘为四川省政府高级顾问。1938 年，邵从恩、张澜去汉口参加第一次国民参政会，在会上主张和平、民主、团结、抗战，受到周恩来称赞。此后历任第一到第四届"国民参政会"民国参政员，曾多次与共产党人陈绍禹、秦邦宪、林祖涵（伯渠）、吴玉章、董必武、邓颖超等人和民主党派人士张澜、史良、沈钧儒、许德珩等提出关于抗战的重要议案。1944 年 2 月 13 日与张澜联名发起组织民主宪政促进会，被选为主席，张澜、李璜为副主席。1946 年 1 月，政治协商会议在重庆召开，邵从恩竭力主张"停止内战、和平建国"，因其言辞恳切，与会代表张东荪先生竖起大拇指，暗声叫好。②会间同周恩来、邓颖超造访交谈后多次对人说："象周恩来那样精明能干、肝胆照人、才猷练达的人，国民党中还找不到一个。这就是共产党兴旺发达的象征。"③ 1947 年 2 月 27 日、28 日，蒋介石撕毁停战协定和政协决议。1947 年 5 月 20 日，77 岁高龄的邵从恩出席参政会最末一次会议，临行时

---

①　参见《邵从恩、周道刚请立即停止造枪致督署函》（一九二五年十二月二十日），《邵从恩、周道刚请立即禁止各军自由筹款致督署函》（一九二五年十二月二十日），《四川善后会议为立即停止造枪、招募、筹款三项建议案发表宣言》（一九二五年十二月二十四日），载四川省文史研究馆：《四川军阀史料》（第四辑），1987 年版，四川人民出版社，第 223—226 页。

②　《会场拾零》，载《新华日报》1946 年 1 月 16 日。

③　"邵从恩"词条，乐山市地方志办公室：《乐山历代人物传略》，巴蜀书社，2009 年版，第 186 页。

说："此举是拼老命去争取和平。"蒋介石宴请主席团，特邀无党派社会贤达代表邵从恩。邵从恩借机陈词："战争是无论如何不能再打了！全国期望和平，不知主席有何困难而必欲诉诸武力？"蒋介石狠声答："你为什么只劝我不打仗，为啥不去劝共产党呢？"邵从恩气得中风倒地，住进医院。邵从恩以颤抖的手写下"内战不停我不乐"七字。见报后，国人称邵老为"和平老人"。是年 6 月 4 日、6 日，当参政员李璜、江庸与行政院长张群先后前去医院探视，邵老于病床上亦问"和平问题怎么样了""贪官污吏打板子否""内战停否"？① 1949 年秋中华人民共和国即将成立之际，已卧病榻的邵老从家人口中得悉这一喜讯，兴奋地说："和平有望，国家有幸，人民得福了！"旋于 10 月 1 日在成都病逝，终年 79 岁。邵老生前虽曾屡任官职，且身居成都"五老七贤"之一，属社会名流，但自持甚廉，"身后极萧条"②。这既体现了邵老的高风亮节，亦令后人唏嘘不已。悲欤，斯人已逝。在开国大典上，周恩来曾对张澜、梁漱溟等人讲："今天的盛典，可惜邵老不在，如他能参

---

① 《和平案送国务会：邵从恩病势好转，对和平仍关心》，载《大公报》1947 年 6 月 4 日；《邵从恩已脱险，张院长前往探视》，载《大公报》1947 年 6 月 6 日。

② 《和平老人邵从恩昨病逝，享年七十九岁身后极萧条》，载《新新新闻》1949 年 10 月 2 日。

加，多么好啊!"① 喜欤，和平终至，足慰老人平生。

二、士人风貌

邵从恩先生青年时代刻苦耕读，孕育大志。

中年时代，他目睹国家之种种乱象实非单纯借鉴西方器物足以救疗时弊，于是寄希望于法律教育及国家法制建设，希冀借由西方近代法律制度的引进与传播革故鼎新。他从清末编订全国《法官考试条例》及全国《各级审判厅组织法》时，到监督四川法政学堂期间，又到 1925 年供职北京法制局后，均一方面潜心学术研究，一方面兴办法政教育。四川法政学堂、北京朝阳大学、北京政法大学等在中国早期法政教育中举足轻重的教学阵地，都得到过老人的深切关怀。尤以先生担任四川法政学堂监督期间，对川大法学教育的奠基起到了至关重要的作用。这一时期的四川法政学堂，"除中国古典和旧学外，大多采用日本教材"，并延请日本留学人员为主的各界法政人才作

---

① 关于邵从恩先生的生平，主要根据以下材料整理归纳，参见彭静中：《"和平老人"邵从恩》，载政协全国委员会文史资料研究委员会：《文史资料选辑》（第一辑），第 172—184 页；陈祖武：《和平老人邵从恩》，载中国人民政治协商会议四川省委员会文史资料研究委员会：《四川文史资料选辑》（第 35 辑），第 36—48 页；《邵从恩：中国"和平老人"》，载亦闻、大蓁：《巴蜀红色故里寻》，四川人民出版社，2006 年版，第 244—245 页；眉山市政协：《和平老人邵从恩》，载眉山市政协：《眉山名人》，巴蜀书社，2004 年版，第 184—186 页；"邵从恩"词条，刘国铭：《中国国民党百年人物全书》（下），团结出版社，2005 年版，第 1431 页；"邵从恩"词条，乐山市地方志办公室：《乐山历代人物传略》，巴蜀书社，2009 年版，第 186—187 页。

为师资。① 据 1910 年统计数据显示，法政学堂绅班当时在校学生人数即超过 467 人，居五大专门学堂之首。②

抗战时期，他积极与共产党人与民主人士合作，为反对侵略奔走呼号，其参与提名联署的《关于持久抗战案》《加强国民外交案》《请政府重申前令，切实保障人民权利案》等重要议案均被国民参政会通过。③

邵先生晚年，则致力于和平民主运动，虔心消弭内战，争取团结一致，和平民主，建设祖国。诚如邵从恩先生自己所言，其对国内和平不惜损身殉命孜孜以求，始终以"乡间老百姓的意思"为出发点和"国家成功民族成功"为落脚点。④ 因而家乡人民也高度评价邵老，于其身后在成都文殊院为其举行公葬，缅怀其业绩，也足见邵老为之鼓与呼的和平观念已深入人心。而当时国府要员如行政院院长张群，省主席刘文辉、王陵基，秘书长向传义等人均送来像赞，刘文辉在像赞中说："为和平而效力，竟有志而未伸。载瞻遗像，仿佛如生。精神不死，常留颂声。"⑤ 不难看出邵老的和平追求对川中军政人物的影响，其中似也可觅日后刘、邓、潘"成都起义"之先

---

① 参见里赞、刘昕杰：《四川法政学校：中国近代法学专门教育的地方实践（1906—1926）》，《华东政法大学学报》2009 年第 1 期。

② 四川大学校史办公室：《四川大学史稿》（第一卷），四川大学出版社，2006 年版，第 44 页。

③ 载《新华日报》1938 年 11 月 7 日。

④ 《社会贤达代表邵从恩先生致辞》，载《新华日报》1946 年 1 月 10 日。

⑤ 刘文辉：《明叔先生遗像》，载《邵明叔先生讣告》，邵从恩先生之孙、四川大学邵启文教授家藏。

声。而远在解放区的共产党人对其后事也极其关心。周恩来曾与刘伯承、贺龙谈及，并专门致信中共中央西南局询问对邵从恩先生遗属的照顾情况。①

作为一位教育家，邵老对青年学生倍极爱护，寄予厚望。川籍在京学生如法政大学的陈铭德、曾宪林、周馥昌、苏法成、陈文伯；中国大学的郑献征、杜志远、兰守谦、刘云樵；北京大学的刘明扬、陈学池、马航琛、何北衡、熊集生；农业大学的胡子昂、陈翰珍；师范大学的杜镜如、姚勤如等，均乐于亲近邵老。川籍学生逢节假周末，亦多聚于邵家议论国内外时事。② 邵老对青年学生的关心，体现在骑小毛驴亲自伴送学生去地处郊区的清华报到注册的小事中，亦反映在对启功求学的帮助上。③ 不仅如此，老人还参与慈惠堂的相关活动，积极推动了成都民间慈善福利事业的发展。

和平老人的一生，是不懈追求的一生。他时刻将自己的研究专业与国家民族命运紧密联系起来。他以"兼济天下"的博大胸怀超越了那种"躲进小楼成一统"的治学态度，于变乱纷呈之世自觉承担社会责任。更为重要的是，他关怀家乡、立足

---

① 《询问对邵从恩的遗属照顾情况——致中共中央西南局》（一九五零年十月四日），《周恩来书信选集》，中央文献出版社，1988年版，第437页。

② 陈祖武：《和平老人邵从恩》，载《四川文史资料选辑》（第35辑），第40页。

③ 参见鲍文清：《启功杂忆》，载《人民日报》（海外版）2004年11月9日。

于四川，以人民性的立场为自己立论的理据，[①] 又在身处西南一隅的同时放眼全国。[②] 邵老少有单谈学理之语，而多存直接面对中国社会问题之言。故邵从恩先生"所注重之点，则直凑单微，闻者莫不倾服。且关心国际大事，一扫俗儒迂疏之陋，而欲以和善中求前进"[③] 之基本思想特征，恰反映了一位士人（亦是知识分子）的文化自觉。

三、新旧之间

邵从恩先生既是进士出身，又是中国法政教育先驱，传统士人与新生知识分子的精神特质同时在老人身上有所体现。正如罗志田教授指出的那样："在清季民初的过渡阶段，遗存的士与新生的知识分子共存，那一两代读书人的心态和行为常有相互覆盖的现象。"[④] 而邵从恩先生思想与行为的演变，也体现出这种"旧"与"新"在特定历史人物中的交织与转化。

在北京政法大学讲授宪法时，邵从恩就认为宪法关系一个国家的国体、政体；没有宪法，从人民的权利义务至行政、司法等制度则均无所依。这是当时国家祸乱之根源。1925 年前

---

① 邵从恩于 1946 年 1 月 10 日在政协开幕式表明过自己的立场，不是"从上面看到下面"，而是"从下面看到上面"。见《社会贤达代表邵从恩先生致辞》，载《新华日报》1946 年 1 月 10 日。

② 安俊：《和平老人、"安乡老农"邵从恩先生》，载成都市郫县政协文史资料委员会《郫县文史资料选辑》（第九辑），第 10—24 页。

③ 《明叔先生行述》，载《邵明叔先生讣告》，邵从恩先生之孙、四川大学邵启文教授家藏。

④ 罗志田：《国器章太炎》，载《南方周末》2005 年 8 月 11 日。

后，邵先生在北京法制局任职期间，除拟定各种法规审核各省规章条例外，还研究法学著作、历代律例法典及各国法系源流，尤其留心对各国宪法的比较，拟定出适合我国国情的条款，以备日后制宪参考。① 老人倡导法制宪政，但不简单推崇西方制度。他的这一思想在 1946 年政协会议上表现得最为明显。会议期间国共两党存在严重分歧，而邵从恩这位宪法教授总是站在有利于全国人民的立场，强调"法理与事实兼顾"②，绝不空言民主宪政，而是试图为国家民族争取和平。史料均载老人两赴东瀛考察法政与工商实业，而邵老却于 1946 年政协开幕式发言中说自己从未出国③，实值得注意。邵从恩先生"幼木讷"而"内实聪颖"④，直至晚年亦能"拼命"而换和平，敦厚中正应为其基本性格特征。而此处明言自己未曾出国，似可理解为：其时社会舆论与学界空谈民主宪政者众而直面中国问题者少，"从上看"者多而"从下看"者少，此语实为邵老谦虚务实之辞。作为社会贤达代表的邵从恩先生不是简单地于两派间寻求妥协，而是希望西方宪政之理念能与中国之实际相结合，使中国走出一条和平建国的道路。此亦邵老"以

---

① 参见陈祖武：《和平老人邵从恩》，载《四川文史资料选辑》（第 35 辑），第 39 页。

② 《邵从恩提解决办法》，载《新华日报》1946 年 1 月 10 日。

③ 《社会贤达代表邵从恩先生致辞》，载《新华日报》1946 年 1 月 10 日。

④ 邵从恩先生的父亲竟错以为他没有读书入仕的天分，"已令其终身力田矣"。参见《明叔先生行述》，载《邵明叔先生讣告》，邵从恩先生之孙、四川大学邵启文教授家藏。

天下为己任，道体阳明，以励圣功；经尊公羊，而宏王道。对于国事，重趋坦荡，而避偏激之途"①　的真实写照。从法学学术史的意义上说，这正是一大批早期知识分子在其深厚"旧学"基础上学习、吸收并转化西方法学，并试图以之改良中国社会的群像。他们在深厚学养的基础上，始终对中国传统抱持深刻同情，同时又以开放的胸怀学习消化西学，在近代学术史乃至整个近代史上留下了不可磨灭的业绩。

当中国的改革开放事业不断向前发展，中国法学亦面临着前所未有的机遇与挑战。当学界在追问"中国法学向何处去"的时候，我们纪念四川法政学堂首任监督邵从恩先生，就是要学习、继承并弘扬老人躬身实践、植根于人民大众、面向中国具体问题、涵养于中国传统文化的这样一种学术风气与文化自信。

---

① 《明叔先生行述》，载《邵明叔先生讣告》，邵从恩先生之孙、四川大学邵启文教授家藏。

第六章　胡元义先生评传

胡元义先生，湖南常德人，1894 年 2 月出生，四川大学法律系主任（1942 年—1945 年 8 月），国民政府第一届部聘教授。

一、胡元义先生生平

胡元义先生 1894 年 2 月生于湖南常德北门外，[①] 原名胡诗源，字芹生。兄弟四人，长兄早亡后，以先生为长，弟胡兆鑫（生于 1895 年）、胡唯道（生于 1908 年）二人。[②]

先生家境普通，[③] 生活水平在中等以下，完全依靠先生父亲分得的祖业田二百多亩生活。先生父亲不事生产，[④] 全赖母亲勤俭持家。先生母亲对先生幼年影响很大，1952 年先生回

---

① 《国立暨南大学人事登记表》"永久通讯处"栏填作"常德北门外 65 号"。

② 胡唯道长期受先生照顾，新中国成立前曾任同济大学法学院助教、训导员，新中国成立后失业，生活多靠先生接济。

③ "家境普通"系先生自填，如以祖业田 200 余亩看，至少算得殷实之家。

④ 1952 年 2 月 7 日的一份手写材料称："出身地主家庭，家庭富裕，父好赌博，有一次因他赌输，而胡之兄去要钱，他狠□了一拳，因而病死，后就戒赌且放纵胡元义，娇生惯养，以致胡元义主观独断，自□自为。"先生在几份材料中均提及其母勤俭持家，但对其父均只著"不事生产"四字，或与此有关。

忆称，其自幼能发奋读书，与其母常教育其"万般皆下品，唯有读书高""吃得苦中苦，方为人上人"有直接关系。

1901年2月，先生入私塾（湖南常德）。"三年的私塾教育，读的是四书五经。"1904年2月入读常德小学，1907年2月入读湖南常德县立高等小学，1908年8月升入湖南常德县立中学，至1912年6月毕业。

1912年8月，先生随常德同乡陈瑾昆赴日留学，① 先后就读日本第七高等学校、日本东京帝国大学法科，于1924年3月毕业，获法学士学位。先生说："在日本留学共十三年……自以为学会了一套法制的东西，就可以将中国转弱为强。"② 留日期间，先生与陈瑾昆、吴岐、徐诵明、刘光华、裘千昌、朱显祯、蒋思道、陶因、成仿吾、雷震等人先后同学，回国后皆过从颇密。③

1923年东京大地震，先生因病回国，又值湖南谭延闿、

---

① 先生自述："中学毕业后，想升学，适有一位朋友［应为陈瑾昆］自日本归来，谈起日本的教育办得严，可以学习本领，并且有官费可补……我就与他一同到日本。"《思想改造学习总结》（1952年）。在《胡元义的综合材料》（1955年8月）中记载："胡［元义］自称，过去思想受他［陈瑾昆］影响很大。"另，本章引文中方括号内文字为采访者补充注释。

② 《思想改造学习总结》（1952年）中有关先生留日期间的材料非常少，只有一段回忆与吴岐先生（吴为先生日本东京帝国大学同学，比先生低两班）交往的自述提及："……在帝大上课……下课休息总是在一个圆池周围，那里有山有小树……"

③ 《罗鼎关于胡元义的情况介绍》（1955年11月5日）。成仿吾做人大副校长时，先生曾去信向他要人大民法讲义。见《胡元义在肃反中陆续交来的材料》（1955年八九月间）。

赵恒惕混战，不能回家，遂应安徽法政专门学校校长王兆荣邀请，于1923年8月至该校任教。1924年1月，王兆荣因支持学生运动（反对军阀倪道烺）辞职，先生随之于同年2月辞职，回日本去毕业。

留日归来后，应湖南法政专门学校校长李希贤邀请，于1924年8月赴湖南法政专门学校任教。1925年7月期满未续聘。此后至1927年2月，先生居留北京，住戴修瓒处，[①]在北京朝阳大学、中国大学教书（散钟点课），常与陈瑾昆往返。

1927年2月，因戴修瓒介绍，先后任湖北高等法院检察官、民庭推事，办理刑事案件与民事审判案件。其时，戴修瓒任武汉国民政府最高法院庭长（兼军事裁判所庭长），张志让先生任最高法院推事，两院在一起办公，先生因此与戴、张常在一起。当时李达亦在武汉政府做事，亦常会面。[②]

1928年1月，因罗鼎向南京国民政府司法部秘书长皮宗石介绍，先生转任南京司法部刑事司科长，其间主要工作为营救入狱的戴修瓒。同年10月，戴修瓒获救后，因其时兼任司法部部长蔡元培辞职，先生随之辞职。先生于此时立下"退隐"之心，再未出任任何行政官职。

1928年10月，因司法部同事王世杰（同属蔡元培部下）

---

① 戴修瓒先生时任北洋政府京师地方检察厅检察长，为胡先生妻兄，先生第一任妻子为戴修瓒妹妹。先生与第一任妻子育有一女（胡书绅，生于1916年）、一子（胡书勋，生于1934年）。

② 李达为先生任教湖南法政专门学校时的同事。

向时任清华大学校长罗家伦介绍，先生赴任清华大学教授，在政治经济系讲授法律课程。1929 年 1 月因"所教法律课程太多而辞职"。同年 3 月，先生回到南京（因家眷住在南京），由日本东京帝国大学同学雷震介绍，至南京中央陆军军官学校军官研究班教书。① 8 月应王星拱邀约，赴任安徽大学教授。一年后（1930 年 8 月），应时任武汉大学法学院院长皮宗石邀约，赴任武汉大学教授，直至 1937 年 7 月。

1937 年 8 月，因服务已满 7 年，先生休学术假 1 年，因武汉大学德文教授格拉赛（Grasse）介绍，赴德研究民法、考察德国司法制度，于 1938 年 8 月回国。先生在德国，常与时为柏林大学法律系学生的李士彤教授在一起，先生参观法院及监狱，皆由李士彤教授做翻译。

1938 年 10 月，先生应日本东京帝国大学同学、时任西北联合大学校务委员会常委徐诵明邀请，赴西北联合大学任教授。1939 年 8 月，教育部部长陈立夫改西北联合大学为国立西北大学，派胡庶华做校长，先生因"不愿与他［胡庶华］合作故离开［西北大学］"。② 1940 年 1 月，因吴岐教授介绍，先

---

① 所任课程一说为"民法总则"（《历史交代》，1955 年 8 月 1 日），亦有写做"民法概论"（《整风思想总结及鉴定》，1958 年 8 月 12 日；《干部登记表》1958 年 7 月 23 日）。

② 先生 1955 年 8 月 1 日的《历史交代》中提及，"我离开西北联大时与徐诵明（系北平大学老校长，现在北京做卫生局副局长）、黄觉非（现在北京大学做教授）、李季谷（现在上海师范大学教书）、许寿裳（已死）等六七人一同到西安游玩，他们为要恢复北京大学见了胡匪宗南，我未去（因为我未在北平大学教过书）"，或可供相关研究者参考。

生转任国立四川大学教授，1942 年兼法律系主任。同年获聘
南京国民政府教育部评定第一届部聘教授，所著《破产法》获
评教育部三十一年度（1942）著作发明及美术奖励二等奖。
1943 年 10 月，因通货膨胀、币制贬值，先生开始兼职律师业
务至 1949 年 5 月（前后执业 5 年，在李庄同济大学及复员回
上海约一年未执业），以增加收入维持生活。①

　　1945 年 9 月，先生再应徐诵明邀请，出任同济大学教授
兼法学院院长。1947 年 9 月，因"不愿与丁文渊合作"离开
同济大学。随后应原四川大学同事、时任暨南大学政治系主任
左潞生邀请，出任暨南大学教授。仍兼任同济大学法学院教
授，并兼课，但因其为部聘教授，故先生不取课酬（部聘教授
薪酬系由教育部支付）。1948 年下半年起，先生在新中国法商

---

　　①　张在军曾提及胡先生执律师业事："在乐山这座偏远的小县城里，骤然涌
入上千教职员工、学生及家属，造成住房、生活物资全面紧张，武汉大学教职员
工的微薄薪金普遍难以维持生计，很多人都以不同方式搞些'副业'以增加收入
弥补不足。在此背景下，蒋思道和武大法律系另一位教授胡元义二人商议，共同
兼职开办了一家'道义律师事务所'。这在当时小县城乐山也引起了不小的轰
动。由名牌大学法律系教授亲自挂牌担任律师的情况绝无先例，于是找上门来进
行法律求助、咨询、打官司聘请律师的人络绎不绝。在经办了几个案子以后，道
义律师事务所的名气更是越来越大。据其子女（蒋冠琳、蒋冠珞、蒋冠珈）回忆：
'……仅凭记忆印象，有过两件影响较大的官司：一次是该案原、被告同时聘请的
律师都是武大法律系教授（其中我父亲是一方，另外一个不确定是否为同一律师
事务所的胡教授），引起社会各界的关注，武大法律系学生也纷纷前来旁听观
摩……'"张在军：《苏雪林和她的邻居们：一条街道的抗战记忆》，福建教育出版
社，2017 年版，第 184—185 页。但此段记载错误甚多，先生 1943 年 10 月兼职律
师时，为四川大学教授、法律系主任，其时四川大学已由峨眉迁回成都。但先生
与蒋思道系东京帝国大学同学，又在武汉大学同事多年，合办律师事务所确有可
能。可惜先生档案材料中皆未见记载。

学院兼了一年课。

1949年10月，因院系调整，暨南大学并入复旦大学，先生转任复旦大学。在复旦大学期间，先生除第一年讲授民法原理（一）、民法原理（二）外，[①] 不再有机会授课。

先生转任复旦大学法律系教授后，自1949年开始相继参加高教联及高教处举办的暑期讲习会学习、小组学习、工会小组学习；1951年秋季至1952年1月，先后参加安徽五河县坍河乡及灵璧县沱河乡两次土改。土改回来后，即投入三反运动与思想改造运动。

1952年院系调整，复旦大学法律系学生并入新成立的华东政法学院，因华东政法学院未肯接收，当时复旦大学法律系诸先生皆仍留复旦。[②]

此后先生一直未分配工作，根据指派承担一些临时工作，如为校图书馆整理图书（范扬领导）、参加俄文工作组的工作

---

① 据1951年《复旦大学法律系教研组情况》，先生任民法原理教学小组负责人，小组共9人，于1951年度第一学期初成立，曾开会两次，讨论民法原理（一）（二）及国际私法、财经法令（一）（企业法、票据法部分）等课教学大纲。王伟：《复旦大学法学院历史图片集：百年法律教育珍档》，复旦大学出版社，2019年版，第123页。

② 《胡元义在肃反中陆续交来的材料》，1955年八九月间；《胡元义的综合材料》，1955年8月。华东政法学院未予接收，可能与复旦大学人事部门的人事调整意见有关。复旦大学人事部门认为：法律系教授胡元义，"有旧的法学知识可整理"，但"无培养前途"，建议"在职进修"。《院系调整中的人事调整意见》，现藏于复旦大学档案馆，转引自严玲霞：《建国初期复旦大学的院系调整研究》，复旦大学2008年硕士学位论文，第21页。

（孙保太领导）、参加干部补习班的工作等。①

1954 年复旦大学重建法律系，先生回到法律系，上级部门认为先生"旧法影响根深蒂固，且年纪已逾六十岁，搞政法教育极不相宜，培养改造前途希望不大，在法律系不能分配担任教学任务"，先生未能再执教鞭。②

1956 年，先生曾赴全国人大常委会，在京参加民法起草工作。③ 同年由范扬教授介绍加入九三学社。

1958 年 8 月，复旦大学法律系再度停办。9 月，上海市委将原复旦大学法律系与华东政法学院、上海财经学院、中国科学院上海经济研究所 4 个单位（不久又加上中国科学院上海历史研究所）合并，成立上海社会科学院，下设政治法律系（1959 年 8 月政治法律系改为政治法律研究所）等机构，④ 先生当于是时转入上海社会科学院，任政法系教授。1963 年 10 月，上海市委决定恢复华东政法学院，政治法律所划给该院作为筹建基础，研究人员被分配到华东政法学院或其他单位工作，⑤ 先生应亦随之转入华东政法学院。

---

① 《家庭经济状况等自述》，1953 年 7 月。

② 《胡元义的综合材料》，1955 年 8 月。

③ 《整风思想总结及鉴定》，1958 年 8 月 12 日。

④ 参见程维荣：《薪火相传，砥砺奋进——上海社会科学院法学研究所六十年发展之路》，载杜文俊：《上海法治发展报告（2019）》，社会科学文献出版社，2019 年版，第 63 页。

⑤ 程维荣：《薪火相传，砥砺奋进——上海社会科学院法学研究所六十年发展之路》，载杜文俊：《上海法治法治报告（2019）》，社会科学文献出版社，2019 年版，第 68 页。

先生通日文，英文、德文、俄文皆能阅读。

公开文献中，关于胡先生较为详细的材料出自《国立四川大学校刊》"本校教授题名录：胡元义"，全文如下：

胡元义　现任本校法律系教授兼系主任。胡氏日本东京帝国大学毕业得法学士学位。回国后历任湖北高等法院检察官及推事，国民政府司法部科长，武汉大学、清华大学教授，复赴德国考察，对大陆法系法律精神，作深刻之观察与研究，归国后任西北大学教授及本校教授兼系主任多年。胡氏于民法总则、债编、物权及破产法之造诣极深，尤以对民法总则之研究，称国内之权威，曾著有《民法总则》（定十月底再版发行）、《破产法》（已出版），及专题论文数十篇。民法债编及物权法底稿亦已编著竣事，不日即可出版行世。①

此外，同济大学、安徽大学、清华大学、武汉大学、暨南大学、复旦大学等各校史志文献中皆有先生名字在列，但少有

---

① 载《国立四川大学校刊》1943年第15卷第2期。文中所称专题论文数十篇除上文所录3篇外，余皆不详。而"民法债编"终未成书。

更多材料。[①]

　　在先生所获荣誉中，部聘教授被称为民国教授三大荣誉之一。[②] 根据《教育部设置部聘教授办法》，部聘教授须具备的条件为：一、在国立大学或独立学院任教授 10 年以上；二、教学确有成绩，声誉卓著；三、对于所任学科有专门著作，且具有特殊贡献。部聘教授候选人除由教育部直接提出者外，国立大学及独立学院或经教育部备案的具有全国性的学术团体得就各该学校或团体中合于前述条件的人员呈请教育部提出。其评选须由教育部提经学术审议委员会全体会议出席委员 2/3 以上表决通过。名额暂定 30 人，分布在 30 个学科，每科以设 1 人为原则，"宁缺毋滥"。[③] 第一届评选时全国符合条件的法律科候选人仅 6 人，先生获选。两届部聘教授，法律科仅 2 人

---

　　① 《同济大学百年志》编纂委员会：《同济大学百年志（1907—2007）》下卷，同济大学出版社，2007 年版，第 1160—1162 页；蒋晓伟、江鸿波：《初创时期的同济大学法学教育》，载《同济大学学报（社会科学版）》2005 年第 6 期；安徽师范大学校史编写组：《安徽师范大学校史（1928—2008）》，安徽人民出版社，2008 年版，第 42 页；清华大学校史研究室：《清华大学九十年》，清华大学出版社，2001 年版，第 46 页；谢喆平、王孙禺：《老清华政治学系的建立与崛起——一项学科教育史的考察》，载《清华大学教育研究》2012 年第 5 期；乐空：《武汉大学法学院的沿革》，载《法学评论》1987 年第 1 期；张晓辉、夏泉：《暨南大学史（1906—2016）》，暨南大学出版社，2016 年版，第 170 页；王伟、陈立：《沪滨屹立东南冠——百年复旦法学教育》，载《中国法律评论》2019 年第 5 期。

　　② 沈卫威：《民国教授的三大荣誉——部聘教授、最优秀教授党员、院士》，载《民国研究》2014 年春季号。

　　③ 曹天忠：《档案中所见的部聘教授》，载《学术研究》2007 年第 1 期。

（戴修瓒教授为第二届部聘教授）。①

　　先生所获另一重要荣誉是国民政府教育部学术审议委员会评定三十一年度"著作发明及美术奖励"二等奖（获奖著作为《破产法》）。国民政府教育部主导的"著作发明及美术奖励"是带有国家级性质、学科近乎完备、制度较为严密的最高学术奖，从1941年至1947年，该学术奖总共实施了六届（1948年开始执行第七届但未能完成）。在六届评选中，社会科学类"著作类"一等奖仅陈寅恪先生《唐代政治史述论稿》一种（第三届），其余5届皆空缺，二等奖6届共17种，法学仅有2种，分别为胡先生的《破产法》（第二届）以及吴学义教授

---

　　① 1942年8月公示的28位部聘教授名单如下：杨树达（国文）、黎锦熙（国文）、吴宓（外文）、陈寅恪（历史）、萧一山（历史）、汤用彤（哲学）、孟宪承（教育）、苏步青（数学）、吴有训（物理）、饶毓泰（物理）、曾昭抡（化学）、王琎（化学）、张景钺（生物）、艾伟（心理）、胡焕庸（地理）、李四光（地质）、周鲠生（法律）、胡元义（法律）、杨端六（经济）、孙本文（社会）、吴耕民（农学）、梁希（林学）、茅以升（土木）、庄前鼎（机械）、余谦六（电机）、何杰（地质）、洪式间（病理）、蔡翘（生理）。1943年12月当选的第二届15位部聘教授名单如下：胡小石（国文）、楼光来（外文）、柳翼谋（历史）、冯友兰（哲学）、常道直（教育）、何鲁（数学）、胡刚复（物理）、萧公权（政治）、戴修瓒（法律）、刘秉麟（经济）、邓植仪（农学）、刘仙洲（机械）、高济宇（化学）、梁伯强（医学）、徐悲鸿（艺术）。沈卫威先生所列民国教授其他两大荣誉中，1945年5月朱家骅与陈立夫联名向蒋介石推荐的98名"最优秀教授党员"中，大抵皆以校院长为主，法律科仅戴修瓒1人；1948年4月1日公布的中央研究院人文组院士28人中，法律科仅王世杰、王宠惠2人（周鲠生、钱端升、萧公权3人应为政治科）。参见沈卫威：《民国教授的三大荣誉——部聘教授、最优秀教授党员、院士》，载《民国研究》2014年春季号。

的《战时民事立法》(第四届)。[①]

仅以上述两项荣誉而论,胡先生作为民国时期民法权威应当少有异议。[②] 但与同时代的学者相比,先生在后世则要沉默得多,与先生的地位与影响差距甚远。[③]

二、从政与退隐

先生为人正派、清高,在学生、同事中有口碑。徐诵明在1955 年函调材料中仍称"据我了解,他[胡元义]为人相当正派"[④]。先生任教四川大学时的学生何德才(后追随先生短

---

① 法学著作获三等奖的尚有薛祀光《民法债编各论》、吴学义《民事诉讼法要论》(第三届)、张芳《民法总则》(第五届)三种。参见赖岳山:《1940 年代国民政府教育部"著作发明及美术奖励"史事探微》,载《民国档案》2017 年第 4 期;张剑:《民国学术发展的一个估量——教育部学术审议委员会学术奖励成果类别分析》,载《科学文化评论》2017 年第 5 期。

② 先生晚年各种思想总结材料中,其内心对于民法权威、部聘教授的身份仍是高度认可的。如在 1955 年前后的一份《全面检查思想的总结报告》中,胡先生写道:"1939 年我在伪西北联大时,有同学对我说,某杂志批评民法四大专家的著作,独对于我的著作只有好的批评,没有坏的批评。我离开西北联大以后,就自命为民法四大专家之首,并且说这四大专家我们常德一县就占了三个,又1942 年我做了伪部聘教授以后,总往往以此丑恶头衔来抬高自己,自吹自擂。"参见胡元义档案。"民法四大专家"之说,尚未发现其他地方有此说法,未知所据。据先生所称"常德一县就占了三个",除先生外,其余二人或为戴修瓒、陈瑾昆。

③ 很大程度上因"民国丛书"影印再版了先生的《民法总则》以及近年因文献获取的便利,陆续有论文、著作引用先生论著。此外,程波教授长期关注近代湘籍法政学人,曾于 2011 年撰述《民国法律人学案(湖南卷)》(未出版),中有胡元义、胡善恒(1897—1964)学案,是目前仅见的叙述胡先生的专篇文字。承程波教授惠赐未刊稿,特此致谢!

④ 《徐诵明关于胡元义的情况介绍》,1955 年 12 月 5 日。

暂担任过同济大学法学院助教）证实："［胡元义］平素［新中国成立前］与我们谈话，均以学者身份自居，标榜一身清白，不参加任何党派活动，有超阶级思想，他常告诉我们说，在学校读书时，不要参加任何党派活动，埋头读书，书读好，自然有名。"① 原同济大学法学院学生、中共同济大学文法学院支部书记罗国杰也称："当时我们对他的印象是：有一种学者风度，不大过问政治，除上课外经常不在学校，对学校的行政事务工作也不大过问。"② 官方的结论也认为，先生"自鸣清高，孤傲自吹，以超阶级超政治的学者面目出现，并以此教育学生"③。

先生谈及与王世杰、左潞生的交往故事，亦可见先生性格脾气。先生说：

> 1928 年我在南京伪司法部时，我与他（王世杰）同属于蔡元培的部下，常见面，我到清华大学教书，是他介绍的，以后我在武汉大学教书时，他来做校长（大概在 1931 年），人家说他官架子大，我就不理他。
>
> 我在伪四川大学教书时，他（左潞生）也在那里教

---

① 《何德才关于胡元义的情况介绍》，1956 年 2 月 2 日。
② 《罗国杰关于胡元义的情况介绍》，1955 年 10 月 20 日。
③ 《审查结案表》，1956 年 4 月。罗鼎也说："胡元义是个一向做教学工作，对政治不怎样关心的人。……好像没有想往上爬靠拢反动统治集团谋取一官半职的企图。……同他往来的人们大都是些旧型智识分子，清高自诩不愿过问政治的。"《罗鼎关于胡元义的情况介绍》，1955 年 11 月 5 日。

书，因此认识，1947 年他在伪暨南大学做政治系主任，拉我到伪暨南大学教书，后来他做了伪暨南大学的训导长，我认为训导长不是好东西，所以不理他。[①]

先生的这一"清高""超阶级超政治"的立场，或与其短暂的从政经历有关。

前文提到，先生曾说，"在日本留学共十三年，……自以为学会了一套法制的东西，就可以将中国转弱为强"[②]。故先生未始没有以所学更为直接地贡献国家建设的想法。依先生在 1952 年的《思想改造学习总结》中所说，"1924 年毕业回国以后，想做官，但看到北洋军阀的专横与腐败，也就心灰意懒，所以在安徽与湖南法政专门教书，并没有积极的找官做"。当然，先生在 1925 年 7 月离开湖南法政专门学校后，长居北京一年七个月，未始没有从政的念头。

1926 年 7 月北伐战争正式开始，同年 10 月北伐军占领武昌，1927 年 3 月占领上海、南京；与此同时，1926 年 11 月，国民党中央政治会议决定将国民政府和国民党中央党部由广州迁到武汉，12 月，国民党中央执行委员和国民政府委员临时联席会议在武汉成立，武汉国民政府时期开始；1927 年 2 月，国民政府在武汉正式办公。同一月，先生随戴修瓒出任湖北高

---

① 《思想改造学习总结》，1952 年。
② 《思想改造学习总结》，1952 年。

等法院检察官、民庭推事。先生说："1927 年在武汉政府做官是高兴的，当时的政府我认为是欣欣向荣。"①

1927 年 9 月，宁汉合流，武汉国民政府停止办公，与南京国民政府合并。先生称："至 1928 年初，武汉政府垮台，南京伪司法部派来新院长，将我调往湖北宜昌高分院，我未去，适蔡元培兼代南京伪司法部部长，皮宗石做该部秘书长，向罗鼎（现在武汉大学法律系）要人，罗就推荐我做该部刑事司科长，我于 1928 年初到南京伪司法部。"② 先生于 1928 年 1 月出任南京司法部刑事司科长，至同年 10 月辞职，再未出任任何行政官职。

先生从"以为救中国是需要我的"到"当年冬季［1928年］我以退隐的心情转入教育界，以迄于今"，③ 其间的转变因营救妻兄戴修瓒而起。先生说："1928 年，适因营救一位朋友［戴修瓒］的关系，看透了反动派的贪污腐化，而这种腐化势力异常庞大，我觉得以做官的方式来追求名利是行不通的，即令勉强做下去，也怕遭人暗算，性命不保，于是我大为伤感，不得已转向教书。"④ 此事关涉甚多，所见文献皆不详，现据先生档案材料，摘录如下：

---

① 《思想改造学习总结》，1952 年。
② 《胡元义在肃反中陆续交来的材料》，1955 年八九月间。
③ 《我一年来的思想总结》，1950 年 7 月 8 日。
④ 《思想改造学习总结》，1952 年。

不久［1928 年 6 月前后］该部［司法部］发表戴君亮［修瓒］为南京伪最高法院首席检查（察）官。戴到南京，突然被捕，[①] 据调查系蒋匪［介石］的黄埔同学会将他捕去，原因是为杨引之[②]案（杨系黄埔第一期毕业生，蒋匪亲信，派来武汉从事颠覆武汉政府的活动，被武汉政府逮捕交军事裁判所判处死刑［该时戴修瓒任该所庭长]）。[③]

此事发生后，由伪司法部长蔡元培委托伪行政院长谭延闿办理不成，再由谭请伪陆军部部长何应钦办理，而黄埔同学会均置之不理，于是救戴事就落在我的肩上（因为戴的朋友或者畏黄埔凶焰不敢出头，或者还要落井下石），当时我以同乡关系找了张镇（当时是蒋匪的侍从武官），经史维焕（已死）介绍找了朱匪绍良［时任军事委员会军政厅厅长]，又查明杨引之的判决系在戴离开军事裁判所以后，由蒋匪将黄埔骂了一顿，黄埔才将戴送南京地方法

---

① 南京政府司法部于 1928 年 6 月 10 日将戴修瓒移送特种法庭。《新闻报》1928 年 6 月 11 日。

② 杨引之（1902—1927），四川华阳人，历任黄埔军校第四期入伍生总队排长，国民革命军第一军第二师卫生队国民党少校党代表，国民党第二次全国代表大会代表，黄埔军校孙文主义学会执行委员，黄埔军校同学总会组织科长，国民党中央党部代理军人部长。1927 年 1 月受南京黄埔同学总会委派，到武昌策动武汉中央军校学员拥蒋介石并迁校南京，被军校"学生讨蒋筹备委员会"抓获，并于同年 6 月 1 日在武昌第一模范监狱被杀。

③ 1927 年 4 月 6 日，徐谦就任革命军事裁判所所长。据国民党中央执行委员会第二届常务委员会第八次扩大会议决议，"以后拿获反革命派均应送交革命军事裁判所办理"。

院，由该院首席检察官某（姓名忘记）下不起诉处分书，将戴释放。

我在南京这些活动，虽然由我一人出面，然而与蔡［元培］、皮［宗石］、王匪世杰（亦蔡的部下，当时做南京司法局［法制局］局长）等有关系，当时南京报纸登记反动派为戴案大事活动，就是指我一人而言，我也不管。①

先生事后曾称此为"一件小小的事情"②，因此"与当时的新旧官僚（旧的是指北洋军阀的官僚混进国［民］党的而

---

① 《胡元义在肃反中陆续交来的材料》，1955 年八九月间；另见《法律系教授胡元义自述》，1951 年 8 月 2 日；《胡元义的综合材料》，1955 年 8 月；《历史交代》，1955 年 8 月 1 日。

② 其间凶险，从先生自述中可略感知。而为杨引之抚恤事，行政院、国民政府相继发布训令，其影响之大，相当罕见。行政院 1929 年 1 月 26 日第 539 号训令军政部："为令行事。案准国民政府文官处函开，径启者：准中央执行委员会秘书处函，据杨松年为关于伊弟杨引之殉难一案，前军委会仅批准少校平时因公殉命例给恤，请垂念该故党员惨死事实，从优追恤，并创例附葬总理陵园案，请转核办等由，当经转陈，奉主席谕交行政院转行军政部查明，从优议恤等因，相应抄同原件函达查照办理等由，准此合行令仰该部遵照查明，从优议恤。此令。"《行政院公报》第十七号（1929 年 1 月 30 日），第 42—43 页；国民政府 1929 年 9 月 14 日第 858 号训令行政院："为令遵事。案奉中央执行委员会函开：9 月 6 日本会第 33 次常会，准陈委员果夫等提议，为四川杨引之烈士，系黄埔军校第二期毕业生，因反共最力，被共党枪杀，业经烈士家族杨松年呈经军政部转奉国府批准，照少校阵亡例给恤。查烈士生前已任上校职务，恤典有未尽彰，请：（一）改照党员抚恤条例，给年抚恤金六百元；（二）吊销军政部恤金给令，以免两歧；（三）川、鄂两省建立纪念碑；（四）由国家供给烈士子读书时一切费用一案，当经决议照办在案。除由本会发给年抚恤金外，关于（二）（三）（四）三项，应请分别办理，并希见复等因。奉此，自应遵办。除函复外，合行令仰该院分饬军政、教育两部，四川、湖北两省政府遵照办理，此令。"《国民政府公报》第 270 号（1929 年 9 月 16 日），第 4 页。

言）作过一次小小的斗争"，"看见了他们的腐化阴险毒辣和粉饰太平的本领，他们为争权夺利浑水摸鱼，绝不愿政治转入清明，他们的力量很大，我的力量太小①，于是我的个人英雄主义完全粉碎，当年冬季我以退隐的心情转入教育界"②。同年10月，先生经司法部同事王世杰介绍，赴清华大学政治系任教，此后终身未离开法律教育界。③

三、德国考察

1937 年 8 月，先生在武汉大学任教满 7 年，按照武汉大学的章程，获得了休假出国研究的机会。先生说："我搞的德法系统的民法，德文是在日本学过，所以我要去德国。"④ 时值抗战全面爆发，淞沪会战打响，水路交通断绝。先生曾想由陆路回武汉，"曾到南火车站两次，不能上车，因同行的同事杨端六（武大法学院院长）之劝，遂去德国"。先生自述：

---

①　先生在另一段陈述中称："我看到黄埔同学会（在伪法毫无根据的）如此无法无天，而在伪政府的北洋官僚正兴风作浪借刀杀人，我若仍然做官，恐性命不保。"《胡元义在肃反中陆续交来的材料》，1955 年八九月间。

②　《我一年来的思想总结》，1950 年 7 月 8 日。

③　先生陈述德国考察司法制度经历时，曾提及"我在德国……欣赏德国最新式监狱，又科学又经济……我还想假如我出来领导中国司法时，也照样建筑一个新式监狱来统治中国的劳动人民"，"假如反动派能够澄清吏治的话，我还想出来领导司法"，但恐怕未必真有强烈的领导司法的意愿。《思想改造学习总结》，1952 年。

④　《思想改造学习总结》，1952 年。

　　到柏林后，看了几个月［1937 年 8 月—12 月］的书，然后着手考察德国的司法制度［1938 年 1 月—3 月］，适当时中德邦交很坏，驻柏林的中国伪大使馆无法绍介，我想起了武大德文教员德人格拉塞［Grasse］① 写给我的绍介信，我就拿出来找德国远东协会会长 Linde（林德）博士，得到了他的顾问 Rauch（国社党员）（伦次）的绍介信，再找德国民法起草委员会的委员长（姓名忘记），因此得到了德国政府的许可，参观了德国伪法院及监狱［1938 年 3—7 月］，受了柏林大学及高工教授连［联］合会两次招待，关于民商法统一的问题与柏林大学民法教授 □i□□che 谈了一次话，又由该教授连［联］合会得了一个招待状，参观了一次国社党的会议，1938 年秋天［8 月底］回国。②

---

　　① 据吴岐教授说，"Grasse 是张之洞兴办武汉新工业时德国工程师所带来的译员。……希脱拉纳粹上台后，他担任纳粹中国支部长"。《吴岐对胡元义的检举材料》，1955 年 12 月 27 日。该材料系吴岐教授在狱中所书，未必切实，档案材料中未能证实格拉塞教授是否为纳粹间谍。

　　② 《思想改造学习总结》，1952 年；附注的时间来自《干部简历表》（1960 年 2 月 29 日）。吴岐教授说："胡元义拿此二信到德国后，发生了出人意外的效力，当时适为纳粹党最高会议开会，特束邀胡元义列席旁听，又得与法律研究院民法研究部负责人民法学权威某博士晤会谈话（在国□□□无上荣光的事），因此伪驻德大使程匪天放招待胡元义殷勤有加。"《吴岐对胡元义的检举材料》，1955 年 12 月 27 日。这一段话当是吴岐教授听闻胡先生所说的回忆，亦未见确切。先生在德国是否曾见过天放，各种材料亦说法不一。另据《华东区高等学校教师政治思想业务情况登记表》（1952 年前后），称"胡去德国考察时，参观了德国司法部，参加过希特勒的国粹党会议，与希特勒握过手"，但未见其他材料证实，恐系谣传。

在德国期间，先生住在柏林市 Windscheid（文沙特）街。常与当时为柏林大学法律系学生的李士彤教授在一起，先生参观法院及监狱，皆由李士彤教授做翻译。

去德国做研究，当是先生一直的念想。[①] 在德国期间，先生对"德国学者所著的大部头民法注释书，一部有十几厚册"十分欣赏。[②] 想来也是在德研究期间，先生大量收集了德文文献，为以后大幅扩充《物权法论》、新著《破产法》做了扎实的准备。[③]

四、法律教育

先生从事法律教育超过 40 年，其间于 1942 年出任四川大学法律系主任，1945 年出任同济大学法学院创始院长，前后五年，可大略呈现先生关于法律教育的一些想法以及南京国民政府时期法律教育的一些情形。

先生多次谈及，"我教书的时候，仍然有我一套法制理想，以为能造就大批廉洁而又能执法如山的法官，还可以澄清吏

---

① 笔者曾统计先生 1934 年北平好望书店版《民法总则》引用学者名录，其中德国学者 74 位，日本学者 15 位，想来绝大部分德国学者的著述系先生在日本留学时所读。

② 《思想改造学习总结》，1952 年。先生所著《民法总则》《物权法论》不少地方引用了德国民法注释书，在民国民法著作中，应不多见。

③ 根据笔者统计，先生《物权法论》《破产法》相比《民法总则》，新引用的德国学者有 32 位。

治"[1]；在说明出任同济大学法学院院长时，先生的解释是"想办好法学院，训练一批司法人才"[2]，"我以为国民党的一切腐化是由于未励行法治的缘故。假如是我为国家（当时的思想意识以为国家可以与政治分离）能训练大批有学识能廉洁而又能执法如山的优良法官来励行法治，则政治可以由黑暗转入清明的。我在教育界继续执教廿余年，所训练出来的优良法官实在不少，然而国民党并未有丝毫法治现象"[3]。

不过，先生对于主持教育行政，并不算热衷，他出任四川大学法律系主任，不乏故事。1942年，原法律系主任朱显祯出任四川大学法学院院长，时任校长程天放找了先生两次，希望先生出任法律系主任，先生都拒绝了。其理由有二："第一，我以退隐的心情从事教书，所以在武汉大学七八年、在西北联大一年皆未兼职务；第二，该时系国共合作，我是有胜利信心，胜利后我想出川。"[4] 但因朱显祯等几位法律系教授逼劝，先生最终同意出任法律系主任。他说："我以后答应做，第一有宗派情绪，因为法律系教授同学多，一位适当的教授裘千昌想当律师不愿教书，若另外的人做系主任，恐同学不能相安；第二既答应做也想做好。"[5]

---

① 《思想改造学习总结》，1952年。
② 《复旦大学思想改造学习总结登记表》，1952年7月23日。
③ 《我一年来的思想总结》，1950年7月8日。
④ 《胡元义在肃反中陆续交来的材料》，1955年八九月间。
⑤ 《胡元义在肃反中陆续交来的材料》，1955年八九月间。

先生同时向校长程天放提出了三个条件：（1）不按时办公；（2）法律系要办什么事，学校要立刻办，学校要法律系办什么事，必须有书面通知；（3）保证没有学生去找他麻烦。三个条件程天放都答应了，先生方出任法律系主任。①

先生说，他做系主任之后，法律系教授一个也没有更动，但是功课有调整，就是教授想教的功课尽量给他教。他认为这种办法能使学生从不满意变成满意，学生从反对变为欢迎。②

先生说，在担任法律系主任时，川大夜校有一百多学生要转入法律系，他坚持用考试的方法来加以甄别，结果录取了几名。③

先生对于主政四川大学法律系的成绩应该相当满意，他数次提及程天放（其时已卸任川大校长）在重庆写信给他，说"居正［时任司法院院长］、谢冠生［时任司法行政部部长］称赞川大法律系的成绩在伪高考［高等文官考试］是全国第一"，称赞先生"领导有功"。④

①　《胡元义在肃反学习中的表现》，1955 年 7 月；《胡元义在肃反中陆续交来的材料》，1955 年八九月间。

②　《胡元义在肃反中陆续交来的材料》，1955 年八九月间。

③　《思想改造学习总结》，1952 年。

④　《思想改造学习总结》，1952 年；《胡元义在肃反中陆续交来的材料》，1955 年八九月间。

1945 年，教育部部长朱家骅要求同济大学创办法学院，[①]先生出任同济大学法学院创始院长。据刘笃教授说，同济大学创办法学院，"对于法学院长一职，因为一时找不到适当校友来担任，只有挑选留德学生充数，而留德者当中，专研政法者很少，而胡元义虽是日本留学生，但也去过德国，且为部聘教授，加以那时的同济大学校长徐诵明（徐去职后[②]改任董洗凡为校长）在留日时期与胡元义是帝大同学，经过这些关系，胡在朱任教育部长时期，也就接任了同济法学院院长了"。[③]

先生主持川大法律系、同济大学法学院，风格务求简洁。先生说，"我历来教书，系采纯技术观点。……我认为先生应该好好的教书，学生应该好好的读书"[④]。从行政事务上来说，先生"除上课外经常不在学校，对学校的行政事务工作也不大过问"[⑤]，他自己也说，"1942 年我做伪四川大学法律系主任的时候，1946 年我做伪同济大学法学院院长的时候，我除了有重大的事情须我亲自去办以外，其他一切的事情完全交给一位

---

① 刘笃教授称："朱家骅是同济校友，又是留德出身，他做伪教育部长时，对同济大学特别关心。同济大学原先只有医、工、哲学、文学等科系，还缺乏法学院，尤其是欠缺法律系，不能构成完全的综合大学，故决计要创办同济法学院。当时同济校友表示反对，而朱家骅主张非办不可。"《刘笃关于胡元义的情况介绍》，1955 年 12 月 19 日。

② 徐诵明辞职，先生曾拟随辞。因先生的同济大学文法学院筹备主任是经朱家骅核准的，辞须直接向朱家骅辞职。先生遂与徐诵明一同到教育部向朱家骅辞职，因朱家骅不准，先生遂未坚辞。参见《思想改造学习总结》，1952 年。

③ 《刘笃关于胡元义的情况介绍》，1955 年 12 月 19 日。

④ 《思想改造学习总结》，1952 年。

⑤ 《罗国杰关于胡元义的情况介绍》，1955 年 10 月 20 日。

助教〔林诚毅〕① 去办，因为他是我的得意门生，所以我完全相信他，我除了上课的前后，不到系办公室办公"②。

五、教学与著述

先生对于著述非常用心，曾说四川大学"校址在峨眉山下，环境幽静，有著书做专家的思想"③。此后两年多的时间，先生利用寒暑假的时间完成了《破产法》（1942）、《物权法论》（1945），④ 另于1943年再版了《民法总则》。先生说，他的这三本书，写的时候希望对国家有点贡献。⑤

先生认为，《破产法》《物权法论》以及《民法总则》（1943年再版）集中体现了他的超阶级的改良主义的思想，⑥"完全是德国系统的超阶级超政治的"⑦，"是拿资本主义社会

---

① 据刘笃说，林诚毅是先生的学生，他的哥哥（已死）是先生的挚好同学。林诚毅在四川大学法律系毕业后就留任助教，后来跟先生到上海担任同济大学法学院助教。《刘笃关于胡元义的情况介绍》，1955年12月19日。罗国杰也证实，"林诚毅和胡元义关系很切，胡元义很相信他，他也很尊敬胡元义，据说林是胡在川大的学生，是胡元义的'得力门生'"。《罗国杰关于胡元义的情况介绍》，1955年10月20日。

② 《思想改造学习总结》，1952年。

③ 时为1940年1月。《复旦大学思想改造学习总结登记表》，1952年7月23日。

④ 《胡元义在肃反中陆续交来的材料》，1955年八九月间。

⑤ 此处的"贡献"，除了学术贡献之外，尚有另一层含义，先生的《破产法》是其在抗战期间的第一本著作（1942年由四川大学出版部出版），就是为纪念抗战而作的。《我一年来的思想总结》，1950年7月8日。

⑥ 《我一年来的思想总结》，1950年7月8日。

⑦ 《胡元义检查报告》（时间不详）。

法学派的理论来支持伪六法观点"①。先生举例说："我在抗战期间写《物权法论》的时候，官僚资产阶级已发展到垄断阶段，全国财富几乎完全集中在他们的手里，于是在《物权法论》里面我就说，需要生活（产）资料的人不能占有生产资料，而不需要的人占有很多，社会的秩序不能维持，国家应以法律来剥夺限制他们的所有权，来谋社会的福利。"②

先生的三部书，皆系自印，以四川大学法律系名义发行。1942年的《破产法》，系由先生自己印刷（全部印刷费两万元），因经费不足而向四川大学借了伪法币三千元，一两个月后书卖出部分，还清借款；1943年印《民法总则》，向四川大学借了伪法币三万元，印了一千本，一个多月卖出一百五十本，还清了借款。③

先生著作，大抵皆系由讲稿反复修改整理而成。以《民法总则》而论，先于1933年作为武汉大学讲义印行，④ 次年经

---

①　《思想改造学习总结》，1952年。先生曾说，"社会法学派是空想的改良主义，因为它是缺乏阶级性的，刚好与我的嗜好相合，所以我在法学方面是属于这一派的"。《我一年来的思想总结》，1950年7月8日。

②　《思想改造学习总结》，1952年。当然，在思想改造运动中，这样的观念是应该拿来自我批判的，因此先生接着说："这种说法，表面看起来很漂亮，但是反动的官僚资产阶级掌握了国家政权，要他们自己制定法律来剥夺限制他们自己的所有权，这完全是与虎谋皮。"

③　《法律系教授胡元义贪污及不正当得利交代书》，1952年3月17日。

④　该讲义或为1929年先生为中央陆军军官学校军官研究班所作的讲义的修订版，但因未见书，未能确认。先生材料中，当时所授课程有"民法概论"与"民法总则"两种写法。

大幅增补后由北平好望书店出版。① 《物权法论》初亦为 1933 年武汉大学讲义，后经大幅增补后于 1945 年出版。② 《破产法》源自先生初到四川大学新开的"破产法"课程。据先生说，授课时，"事前并未编好讲义"，"拿两条粉笔上课，取得了学生的信仰"。③

从相关档案材料来看，如条件允许，先生或应有一部《债法总论》的著作。在前文所引《国立四川大学校刊》"本校教授题名录"中，即有"民法债编及物权法底稿亦已编著竣事，不日即可出版行世"之语④；在谈及选举部聘教授事时，先生称"将我的民法总则、物权法、债法总论三本讲义送到伪学术审议委员会"⑤，其中，《民法总则》已出版发行，物权法有武汉大学印行的讲义，而独未见《债法总论》，想来应当也是有讲义稿的。先生在武汉大学时期，即已讲授"民法债编（一）"课程⑥，在四川大学讲授民法总则、物权、债权总论以及破产法课程⑦，在任教同济大学法学院期间（含 1947 年 9 月至 1948 年 6 月兼任时期），则仅授《民法债编总论》《民法债编》

---

① 新版从原来的 11 万字增加到了近 24 万字。

② 新版从原来的不足 10 万字增加到了 20 余万字。

③ 《思想改造学习总结》，1952 年；《胡元义在肃反中陆续交来的材料》，1955 年八九月间。

④ 载《国立四川大学校刊》1943 年第 15 卷第 2 期。

⑤ 《思想改造学习总结》，1952 年。

⑥ 《国立武汉大学一览（民国二十二年度）》所载"法学院课程指导书"，先生在武汉大学法学院承担民法总则、民法债编（一）、民法物权三门课。

⑦ 《胡元义在肃反中陆续交来的材料》，1955 年八九月间。

课程。① 1947 年 9 月，先生转任暨南大学，向时任暨南大学法律系主任的周楠教授提出了三点要求，其一就是只教民法债编总论一课，并且非常坚持，② 恐怕应有修订讲义、撰述债法总论著作的强烈想法在其中。1950 年上半年，先生在复旦大学法律系讲授的《民法原理（二）》，主要内容应为债法总论，为先生最后一次授课。③

---

① 《国立同济大学法律系一二年级课程表》（三十五年度第二学期）、《国立同济大学教员名册》（三十五年度第二学期，三十六年度第一学期、第二学期）、《国立同济大学教员授课时数月报表》（1948 年 2—5 月），现藏于同济大学档案馆。

② 时任暨南大学法律系主任周楠称："1947 年，胡愿来暨大教书……我就亲自到他家里去和他接洽，他提出三点：1. 要暨大写信到教育部去申请调他；2. 要带一个助教；3. 只教民法债编总论一课。我因债编总论是罗时济（现在成都西南民族学院）教的，他已教了一年，学生并没有提出意见，这一年又已排定由罗继续教，未便更动，只能把自己教的民法总则让出来，希望他能照顾到系内排课的困难，至于第一点和第二点我表示可以照办，他很坚持，我允商量后再答复他，后我商得罗的同意，把我的民法总则让罗教，债编总论调出来由胡教，这事才算解决。"《周楠关于胡元义的情况介绍》，1955 年 12 月 26 日。

③ 《我一年来的思想总结》，1950 年 7 月 8 日。

第七章　伍柳村先生评传

伍柳村，著名刑法学家，四川大学法学院教授。

一、负笈川大

1912 年 7 月，四川省峨眉县绥山乡夏村伍卓如的家中一派喜气。尽管外界战火纷飞，但对于因经营铁器工商业而生活富足的伍卓如、万智中夫妇来说，男丁的诞生多少代表着枝叶繁茂的生机。伍卓如为孩子取名柳村，小名克元，希望生于乱世的他与自己一样，继承实业兴邦之志。伍家祖籍湖南，因祖辈宦游而客籍四川。[①] 峨眉山清水秀，遂世代居于此。伍卓如接受过高等教育，万智中也读过书，因此他们的儿子伍柳村自小被书墨浸染。九岁时，伍柳村开始接受正规的教育，并先后在四川峨眉青龙场南区高等小学、成都四川省立第一中学、成都私立储才中学、私立成都公学高中部、私立志城法政专门学校、私立华西协和大学等校读书。

1933 年，伍柳村报考国立四川大学，因军阀混战，川大

---

① 《伍柳村之女伍长康访谈纪要》，2016 年 7 月 9 日，访谈人刘楷悦。

校本部甚至成为主战场，此年秋季招生时，投考总人数仅 200 余，9 月初学校第二次补招，也只有 30 余人报考，可谓十分惨淡。因此，当伍柳村就读四川大学法律学系时，他的同学仅有龙显铭等另外五人。此时，国立四川大学初经三校合并，法律学系与政治系、经济系一起，共同构成法学院，为当时的三大学院之一。毕业于日本早稻田大学、曾担任过四川公立法政专门学校校长的前任法学院院长熊晓岩刚刚因病辞职，同样有留日背景的吴君毅兼任法学院院长。其时，学院有教授 14 人、副教授 1 人、特约教授 1 人、讲师 7 人、军事教官 1 人，其中法律学系不乏与吴君毅相同，曾留学日本的老师，如胡恭先、裘千昌等。[①] 1935 年任鸿隽出任四川大学校长时，教务处曾对全校师生的基本情况进行统计。彼时的法律学系虽只有学生 66 人（其中一年级 9 人，二年级 5 人，三年级 16 人、四年级 36 人[②]），开出的课程却相当全面，包括"民法总则、刑法总论、宪法、政治学、经济学、监狱学、犯罪心理学、法院组织法、民法债编总论、国际公法、刑事诉讼法、刑法各论、行政法、罗马法、债编总论、民事诉讼法、物权法、公司法、票据法、海商法、土地法、刑事诉讼实习、法医学、刑事政策、亲属法、继承法、保险法、国际私法、劳动法、破产法、强制执

---

① 《教职员履历表》《教职员名册》，载国立四川大学档案，现藏于四川大学档案馆。

② 《1934—1936 年度教务统计表》，载国立四川大学档案，现藏于四川大学档案馆。

行法、民事诉讼实习、法律哲学、中国法制史等"①。开课数目也从 1934 年的 37 门增至 41 门。校长任鸿隽还大力促进四川省与外界的交流，广邀名师入川讲学。课程之全面，师资之优越，使青年时期的伍柳村接受了较为系统而全面的法学教育。在 1934 年成绩统计时，该级学生全部获得乙等。② 此外，"法学院教授为鼓励学生抒发志趣，加深研究，练习著述起见，组织论文奖励会，其会员由院长及教授担任，每月各捐 2 元。每学期向学生征文两次，题目由各会员拟定公布，凡法学院学生均可选作，论文奖分甲、乙、丙三等，甲等奖学金 10 元，乙等 7 元，丙等 5 元。自奖励会成立以来，学生投稿异常踊跃"③。尽管学生笔力稚嫩，但论文写作实为学术训练的必经之路，此举于学生而言颇多进益，正规的法学教育亦为后来伍柳村继续从事刑法研究打下坚实的基础。

伍柳村曾回忆起他的大学生活："1935 年冬红军长征经四川时，形势紧张，川大布告：学生为需要回家处理事务，可请假补考。否则仍须参加考试。法学院政治系学生柯愈彰（青年党员）等怂动全体请假，当时我认为他们是'贪玩'的，而且我的家是在成都，为了顾全'成绩'，和龙显铭、孙家亮（已

---

① 四川大学校史办公室：《四川大学史稿》（第一卷），四川大学出版社，2006 年版，第 164 页。

② 《1934—1936 年度教务统计表》，载国立四川大学档案，现藏于四川大学档案馆。

③ 四川大学校史办公室：《四川大学史稿》（第一卷），四川大学出版社，2006 年版，第 169 页。

故。均同级同系的同学）三人首先进入试场。后来学校对我们三人'表扬'；给柯愈彰以'退学'处分，但柯已是四年级生，复经同学们向学校要求：保留学籍，以观后效，结果柯仍毕业了。"① 身处乱世，一心只读圣贤书几近奢望，军阀混战之荫翳，频发学潮之动荡，社会时局之不定，都让学生心猿意马。此时连学校都开始进行"国难教育"，增加了每周精神讲话的内容。② 而同时，青年学子又总认为天下兴亡匹夫有责，因此难说不怀济世救国之心。不过从此事可窥，无论伍柳村出于何种境地，读书二字始终为要义。若干年后伍几乎遭受灭顶之灾时，念念不忘的仍是"家里的书籍还在不在"③，到底是知识分子本色。也正因怀抱"澄清天下，从来是读书人的责任"④的赤子之心，在校期间，伍柳村先经高中同学介绍，加入"成城学会"，又于1935年入龙显铭、吴天墀等人所办的"辛未学会"。该会原名"满、蒙、藏研究会"，共有二十多人，大部分是青年党。1946年改名为"明疆（强）学会"。伍柳村初加入时，该会尚以联络感情、研究学术为名，彼时他大概不会料到，两个学会都改变了他人生的因缘际会。

　　由于受到诸多留日老师的影响，毕业后，伍柳村也打算去

---

① 《伍柳村》，载四川大学知名校友档案，现藏于四川大学档案馆。
② 《特殊时期教育》，载国立四川大学档案，现藏于四川大学档案馆。
③ 《伍柳村》，载四川大学知名校友档案，现藏于四川大学档案馆。
④ 罗志田：《与时代和社会相感应——纪念吴天墀先生》，载杨泽泉：《犹忆昨夜梦魂中——遥祭我的父亲吴天墀》，自印本。

日本留学，于是他开始跟随裘千昌学习日语。可是战争的发生使他被迫终止了计划。1939 年，四川大学为避战火，迁至峨眉。作为峨眉人，伍柳村的家几乎成了川大师友的中转站。"因学校在峨眉山下，车站在县城附近，相距十多里，上车是清早，下车有时过晚了都不方便，所以就招待他们在我家吃饭或住宿（我家在县城内）。有时星期日还偶有教师如：叶石荪、徐中舒、吴君毅、朱显祯、胡元义、胡恭先、罗仲甫、饶孟侃（外文系教授），或毕业留校工作的同学为：吴天墀、邵泽民、胡芷凡、刘汝荣等等，三三两两的来到我家城外花园赏玩字画、花木，就留在那里吃饭。"在峨眉期间，许多师生租房子、借家具等一应琐事，俱由伍柳村协助打理。"甚至如中文系教授向宗鲁先生死后，无以为殓。那时程天放在重庆开会，由文学院长向楚代行校务，但向楚叫总务处借钱给向宗鲁备办后事，竟遭到拒绝。朱显祯和李炳英来向我谈，才由我进城替他赊取了衣衾棺木。"①

　　在峨眉期间，伍柳村先生还兼任县立中学及女子师范学校的教员。"当时'注音符号'这个课是师范学校的必修课，但在县里找不到人教，因我曾学过'注音符号'，就教了这个课。""1939 年春峨眉县开办寒假小学教员讲习会，我曾担任国语一科（包括注音符号的讲授），其时适值郭沫若先生来峨眉扫墓，我曾在讲习会中提议请郭先生作过一次讲演，并陪他

---

　　① 《伍柳村》，载四川大学知名校友档案，现藏于四川大学档案馆。

同到报国寺一游。"① 郭沫若临别特撰联相赠，其联全文为：刚日读书，柔日读史。智者乐水，仁者乐山。② "刚日读经，柔日读史"本为曾国藩的名句，有无日不书、时日相宜的意思。而峨眉灵秀，无从揣度郭沫若是否暗寓生于此的年轻后生乃乐山的仁者，但伍柳村其后所为，真可称得上无愧所托。

正是这一年的秋季，"成城学会"曾开过一次会，打算办一所小学，推选伍柳村先生担任董事长。"殊不知刚才着手筹备，'成城学会'中的那些人，有的怕出钱，有的怕麻烦，很多人都不来做实际工作。我想：要干下去困难大；要不干下去，个人的'面子'丢不下。随后受了个人英雄主义的支配，妄想学张伯苓由创办南开小学发展为南开大学，个人便借此起价的办法，终于向家中要了一笔由工商业和土地上得来的剥削，把这所'正本小学'办了起来。"因是运动中的检讨材料，免不了批判自己一番。但办学实是好事，英雄主义也确是伍柳村先生的情怀。正是浪漫的个人英雄主义孕育了读书人"为生民立命"之大志，而伍柳村先生匡扶社稷的途径即是发展教育。伍柳村先生找来谭照临任校长，又为了使办学资金更为充裕，游说当地的资本家作校董。所以"这所小学，最初是由'成城学会'发动的，实际上主要是由我一人创办的，但后来

---

① 《伍柳村》，载四川大学知名校友档案，现藏于四川大学档案馆。
② 田家乐：《对郭沫若当年旅峨书赠伍柳村先生联文的理解》，载《郭沫若学刊》1991年第1期。

又变成了一部分地主和资本家所共办的"①。峨眉正本小学并非伍柳村所创办的唯一一所学校，1940 年《国立四川大学校刊》毕业同学消息一栏，又出现了伍柳村筹复峨眉中学的信息。② 除了家乡峨眉，后来伍柳村工作过的西康，也有他奔波办学的身影。

　　尽管伍柳村一直心系教育，也愿意继续担任助教，但政治斗争之波谲云诡影响了时局中动荡的诸人，所以他的助教生涯只持续了两年。四川大学前任校长程天放因 CC 系背景已引起不小波澜，继任者黄季陆又加剧了国民党与青年党在学校的斗争。因早年加入了辛未学会，又与青年党人吴天墀等交好，伍柳村也不免被扣上帽子遭到排挤。另外，伍柳村的父亲伍卓如是刘文辉的秘书，"刘文辉正在雅安开办西康省地方行政人员训练团，需要一批人参加工作"③，其父既兼任西康省训团兼任总务处副处长，吴天墀、詹声等已在雅安工作的同学也向他发出邀请。权衡之下，伍柳村先生离开川大赴雅安任西康省地方行政人员训练团秘书兼任讲师，从此踏上仕途。

二、出仕西康

　　1941 年，助教伍柳村变成了秘书伍柳村，虽然此时他仍

---

① 《伍柳村》，载四川大学知名校友档案，现藏于四川大学档案馆。
② 佚名：《毕业同学消息：同学伍柳村等筹复峨眉中学》，载《国立四川大学校刊》1940 年第 8 卷第 3 期。
③ 《伍柳村》，载四川大学知名校友档案，现藏于四川大学档案馆。

在行政人员训练团教授法律要义，但工作内容多了写讲话稿一项，除了所谓"精神讲话"，还有各种节日大会、"纪念周"、升旗日的讲稿。罗志田追忆吴天墀先生的文章中曾提及吴老的自述，说写讲稿这事，既"要去揣摩一个军阀的心态，做些冠冕堂皇的议论"，还要言之有物，使讲者有临场发挥的余地，能"表现自己的才华"①。既是"代圣立言"，总还是有些难度，伍柳村先生却能应付自如，可见是聪明之人。两年后，伍柳村又赴西昌，出任宁属屯垦委员会秘书处科长等职。在世俗的眼光看来可谓平步青云，步步高升的背后，伍先生是实实在在做了些事情的。

早年刘文辉在与刘湘的斗争中败北后，退守西康，并请西康建省。西康地处四川盆地边陲，又有藏彝等少数民族聚居，因习惯、信仰的差异，民族冲突一直是个问题。对于这片土地的治理，刘文辉颇有些想法。他认为，之前赵尔丰主政时，"对西康政治单位、军事单位均未确立，而又不明康藏中心文化，极力破坏佛教，康藏人民恨之刺骨，可谓力屈而心不服，威慑而不怀德"②。因此提出三化政策，即所谓"德化、同化、进化"，"以德化代替武力征服，以进化代替羁縻放任，以同化代替异族歧视"③，希冀弥合民族之间的冲突与猜忌。刚到西

---

① 罗志田：《与时代和社会相感应——纪念吴天墀先生给》，载杨泽泉：《犹忆昨夜梦魂中——遥祭我的父亲吴天墀》，自印本。

② 佚名：《刘文辉讲演治康方针》载《康藏前锋》1935 年第 3 卷第 3 期。

③ 东生：《刘文辉与西康》，载《周末观察》1948 年第 4 卷第 7 期。

昌不久，伍柳村就将早已停刊的《边政月刊》复刊，这本杂志在一定程度上充当了政治的传声筒，主要宣传如何建立新西康的政策。1943年冬，伍柳村拟定了在热水街将一个彝区建设成"北山模范区"的计划，并通过和当地人的反复沟通，在这里设立区署，创办小学，并推荐蒋虚白为建设指导员，使之得以实现。1944年中，伍又提出设置"边民生活指导处"的想法，以解决彝人因随身携带武器而常在喝酒后伤人的状况。具体措施是："彝人进城后就住宿在'边民生活指导处'，叫他们把所携带的武器交给处内保管，回家时再发还他们。假如是因公来的，还供给他们的伙食。他们需要买得或出卖的东西，都可以替他们代办。"待到下半年，伍柳村先生还为屯垦委员会草拟了创办"边民实验学校"的计划。"原来在西昌有一个所谓'夷卡'，它还是若干年前封建王朝所遗留下来，用来羁禁少数民族的所谓'坐质换班'的一种监禁办法。这种'坐质换班'即是把某一支所谓'生夷'打来降服之后，要他们交出一些重要头人禁闭在'夷卡'中作为'人质'，以防止他们再'叛乱'。每隔两三年后可以叫他们以同等重要的头人来把原先被禁闭的头人换回去，又把后来的头人禁闭起来。以此继续更换下去就叫作'坐质换班'。某天，李万华和我谈起这个'夷卡'，认为它和刘文辉的所谓'三化政策'不符合，应该加以改善，于是便由我提出用办学校来代替'坐质换班'，得到了他的同意。……这个计划经刘文辉同意了，我还推荐川大同学，屯垦会科长谢开明任副校长负责实际责任（校长由刘元瑄兼任)。我和另外一些人担任了'校务委员',经常协助副校长研究解决办学过程中所发生的一些问题。例如关于'学制'问题,因为彝人子弟入学年龄较大,学习时间不能过长,于是经'小屋委员会'研究的结果,试改为初小二年,高小二年,简师也是二年,即是四年内完成小学的学程,两年内完成简易师范的学程。关于教材问题,由于学习年限缩短了,教材也要另行编纂,因此又决定成立了一个'教材编纂委员会'。同时鉴于过去汉彝之间的界限很深,当时提出为了化除汉彝之间的隔阂,在新编教材中,借用了彝人常说的一句话:'黄牛是黄牛,水牛是水牛。'(他们本来的意思用来比喻汉彝是两个不同的民族)再加上一句:'但是黄牛、水牛都是牛。'紧接着在下一课又说:'汉人是汉人,彝人是彝人;但是汉人彝人都是中国人。'……这所学校是 1944 年计划,1945 年开办的,一直办到解放后还存在。"① 后来这所学校还培养出冯元蔚、伍精华、沙如芳等一批少数民族干部,也算功德无量。

不仅专注于本职工作,伍柳村也同样怀有古道热肠。"1945 年暑期中,有一批西康省各中学毕业的青年三十余人在成都投考大学落第,我为了安置这批青年都能就学,促成刘文辉与黄季陆接洽,在四川大学设'建国奖学金',由刘文辉保送这批学生再投考川大。结果取了二十几人。"此外,在他出任屯垦委员会秘书处科长时,"凡到西昌贩买蜡虫的农民或者

---

① 《伍柳村》,载四川大学知名校友档案,现藏于四川大学档案馆。

商人还辗转通过在峨眉的同乡向我要伪屯垦会的‘护照’，我都一律签发，借以保护他们。……至于遇有同乡到西昌来想找工作的，如能工作，总得设法介绍；如不能工作的，也得送点路费，好让他们回家乡。”①

　　其时，伍柳村先生在一次李万华的讲话过后，给在场的同僚们塞了张纸条，上面写了一句话：当大有为之时，处大有为之地，应自勉以大有为之人。这几乎可以看作是他的心愿了。1945 年，他于撷英餐厅宴请在成都各大专学校读书的峨眉学生，“鼓励年轻人应该保持‘纯正、中立’的立场，鼓励他们要有正义感。对于本县的事要能主持公道，要以转移地方的风气为己任”②。当时，他还兼任西康技艺专科学校副教授（后任教授）与西昌八所中学的教员。有次在国立西康技艺专科学校讲演时，他从英国大宪章谈到美洲独立，从“戊戌维新”讲到辛亥革命后历次政权“制宪”的概况。言谈中感慨“制宪”“行宪”都是不容易的事，并表达了对于“制宪”和“行宪”的赞成与拥护。

　　其讲演或可略表其心迹：如何建设一个民主法治的国家，实现中华之复兴是他始终的关怀。无论如何，以当时的环境看，伍柳村先生都是追求“进步”的。从 1943 年开始，他先后加入益智读书会、民治竞进社、建国社、三民主义知行社、

---

① 《伍柳村》，载四川大学知名校友档案，现藏于四川大学档案馆。
② 《伍柳村》，载四川大学知名校友档案，现藏于四川大学档案馆。

主流社、新民主主义同志会等社团。其中，加入民治竞进社还促成伍柳村创办进步报纸《西方日报》。民治竞进社的前身为"乾社"，因刘文辉号"自乾"而得名。在"二刘大战"中蒋介石支持刘湘，刘文辉战败，蒋介石认为其势单力薄，便一心消除异己。"先是在西昌设立行辕（1939 年），继而在康定、西昌、雅安设立军统特务站（组），对刘文辉的一举一动进行严密监视。"① 因而"乾社"建立之初，是为与蒋介石相抗衡，由伍柳村与萧绍成、汪正琯、徐护权、高晋原、张植初、张雨湘、徐勘五共八人组织。不久，徐孝恢、王学万、杨露、谢开明、赵子博、许成章（新康报总编辑、原刘元瑄的秘书）、唐会昌、张志英、王子先、徐健、陈耀枢、张乃桢、伏怀刚、谢毅东等人也先后参加，并打出了"支持民主，反对独裁"的口号。1946 年春，韩文畦寄了一份"中国民主同盟纲领"给李万华，"乾社"遂被扩充为"民治竞进社"，社章便是根据这份民盟纲领草拟的。又过一年，伍柳村和肖绍成、唐会昌商量，向干事会提出在成都办《西方日报》的计划。"先送与刘元瑄和李万华看后，再由李向刘文辉详谈，结果创办了《西方日报》。所以在《西方日报》成立后，报社中有一部分进步分子，报纸也表现为进步的姿态。"

不仅是办报，伍柳村还多次掩护进步人士的革命工作。

---

① 屈小强、田原：《试论二刘相争的历史影响》，载《民国档案》1993 年第 4 期。

1944 年，地下党员蒋仲仁在西昌开设进修书店和会计补习班，伍柳村予以大力支持，1945 年王梓赋接办该书店。1947 年，西昌警备司令部派人搜查进修书店，在楼上拾得民盟文件一卷，即将王梓赋逮捕。伍柳村与汪正瑄设法将王梓赋保释出狱，"并由汪约王到越嶲县府任职以为掩护"。同年，曾代表刘文辉与周恩来会面的进步人士邹趣涛在西昌被诬陷入狱，次日伍柳村亲往探监，随即关照法院院长将邹移往条件更好的关押地点，过了一段时间萧绍成派人于黑夜中将邹接出，绕道回成都。此年，他还先后营救西康专校进步学生王重才、孙培础、陈顺禄等五人出狱。"1946 年民盟专员章润瑞来西昌避难，我介绍章出任礼州中学校长，西昌民盟工作得以开展。1947 年12 月掩护盟员唐会昌飞渝转上海避难。"唐会昌与伍柳村相识较早，关系亲密。唐早先为民盟成员，被贺国光盯上，"前西昌行辕、后西昌警备司令部大约每月举行'军政联合会报'一次，主要是谈及汉彝区的治安情况，各有关机关首长出席参加。在我负责伪屯垦会期间，曾代表参加几次。有一次，伪稽查处提出意见材料说：唐会昌是共产党派到西昌来的暗杀团领袖。我随即将此事通知唐，叫唐注意防备。后来贺匪国光向刘元瑄追问唐的情况，我向贺匪为唐作担保并设法掩护了他。……（此期间唐登报声明不参加民盟活动）后来情势更加紧张，我才设法为唐买好飞机票转重庆，转上海去了"①。

---

① 《伍柳村》，载四川大学知名校友档案，现藏于四川大学档案馆。

从 1947 年 9 月至 1948 年 3 月五六个月的时间，伍柳村是宁属屯垦委员会事实上的负责人。这期间发生了黄草坪坠机事件。早在 1945 年时，一架美国飞机曾迫降在离西昌五里①的小庙机场。机上人员安全但飞机遭到损坏。两年后美军重新调查此事时，盐边县土司诸葛绍武父子因与盐源县黄草区区长曹善禄有私人恩怨，四处散播谣言，说机上财货都被曹善禄变卖，机上人员也被曹卖与彝人。美军三番五次向时任重庆行辕副主任兼西昌警备司令贺国光施加压力，要拘捕曹善禄，但伍柳村坚决不同意，并表明："中国再不像个国家，到底还没有亡国。对美国人'迁就'也要有个限度呀！（因为他说对美国人只有迁就点）像这样不调查事实，不依据证据，就随便把人当成罪犯，我很怀疑美国是个'民主''法治'的国家。总之，我代表地方政府不同意这样做。如不考虑我的意见，今后一切不良后果地方政府是不能负责的。"② 贺国光直至见到蒋介石的书信才同意放人。一个多月后曹被安全送回。事后伍柳村表示，自己此举出于民族主义，其爱国之心可见一斑。

1948 年，伍柳村以副教授的身份重回川大任教，主讲法院组织法、法学通论和刑法概论。他积极支持地下党在成都创办培文高级商业职业学校作为据点。1949 年，伍柳村在《主流》杂志西南版的创刊号上以"伍右耕"为笔名发表文章，宣

---

① 《伍柳村》，载四川大学知名校友档案，现藏于四川大学档案馆。
② 邓光汉：《刘文辉彭县起义的前前后后》，载《文史杂志》2009 年第 5 期。

传"不流血的革命"。此篇文章多少反映了他对时局的看法。在唐会昌的介绍下，伍柳村参加川西边地下党的外围组织"新民主主义同志会"，并掩护川大经济系进步学生王中一（原名耀昌，西昌人）等一二十人前去雅安搞群众宣传、组织工作，并写信介绍他们给西康省训学员官笃行（当时是雅安县政府统计主任并在救济院工作）供给他们住宿和吃饭的地方。伍柳村虽在成都，但仍与刘文辉等人保持联系，因此在刘文辉起义时，发挥了重要作用。"1949 年夏，唐会昌同志由武汉四野战区来到成都对刘文辉部作起义的工作，和我见面，邀我协助他共同进行……我协助他和刘元瑄、李万华、萧绍成等人联系。"为策动起义，刘文辉等人曾组建过一个"党社"，伍柳村任"党社"秘书。"伪 24 军代军长刘元瑄委我以军部上校秘书名义代表他在成都和地下党联系通讯。"刘文辉之起义"不仅严重打乱了蒋介石集团的步伐，使其企图与人民解放军进行'川西决战'，建立所谓'陆上基地'的部署与计划很快破产，而且有力地配合人民解放军截断了国民党军胡宗南部妄图逃窜康、滇的通道"[①]。其起义不仅加速了成都解放，对于国民政府的溃败影响甚大。四年后，蒋介石在日记中写道："回忆三十八年，渝蓉陷落之情势，匪军纵横，所向披靡，敌骑未至，疆吏早降，民心土崩，士气瓦解，其败亡形势，不惟西南沦陷

---

① 张祖羹：《1950 年国共内战幕落西昌的历史考察》，载《史林》2012 年第 4 期。

莫可挽救，即台湾基地亦岌岌欲坠，不可终日。"① 而伍柳村先生，也曾作为革命志士，亲身参与这一载入史册的重大历史事件。1980 年 9 月，伍柳村在重庆参加民革。中华人民共和国成立前这些惊心动魄的斗争经历，与民主党派早年频繁密切的交流，或许都是他在年近古稀时回想起来仍心潮澎湃的记忆。

三、坎坷际遇

1949 年冬成都解放，军管会文教科指派伍柳村担任私立培英中学校长，"当时川大法律系业务课一律停开，我认为兼职不应该兼薪，便自动放弃了在川大领取生活费。1940 年下期川大法律系决定开业务课，原主任裘千昌先生安排我讲新刑法原理并带领学生到法院实习。裘是我的老师，他说：'目前能回校重新开课的教师极少，我们自己谦虚一点，暂以讲师名义任教。一两年后再提'"②。因此在新中国成立后职称重新评定时，伍柳村又从副教授变为了四川大学的讲师。

1951 年，伍柳村赴中央政法干部学校第一期学习。这一年恰逢"土改"，曾任西康荥经县县长，又是官僚地主出身的伍柳村之父伍卓如，被要求补缴旧币八百万元的"赔罚"，并押回峨眉向农民"低头认罪"。本年冬，有个叫杨蜀猷的人谎

---

① 《伍柳村》，载四川大学知名校友档案，现藏于四川大学档案馆。
② 《伍柳村》，载四川大学知名校友档案，现藏于四川大学档案馆。

称自己以前将汽车卖予伍家，还有价款未付清，前来索取。未获承认便向某区司法处控告，经当时的审判员调处，伍家赔杨法币 200 万元。伍柳村之父伍卓如被迫在调解书上签字后，郁郁寡欢。此案虽在 1952 年司法改革运动时被确定为错案，杨蜀献也被判处徒刑一年并退还全部骗款，但伍卓如还是被最后一根稻草压垮了。一个家境优越的绅士所保留的旧中国知识分子残存的自尊心，在政治的波涛前荡然无存。他曾写诗一首倾诉愁肠："小谪尘寰六十年，谁知沧海已桑田。尽教白鬓催人老，独抱丹心问孰贤。国难庚辛循覆辙，诗题甲子胜陈篇。称觞莫笑杯无酒，入座起风欲醉眠。"1952 年 2 月，冬风仍凛冽，伍卓如选择平静地结束自己的生命。事件发生时，伍柳村先生尚在北京，闻之大为惊骇。父亲突然离世对伍先生打击沉重，在后来与赵念非、刘元瑄等人的谈话中，他多次表达自己的"苦闷"与"压抑"。无力感在其后相当长的时间内搅扰着他，父亲以前"自解放以来，感到新中国已达到独立、自由、统一、富强的境地，异常兴奋愉快"[1] 之欣欣然，与今日之凄惶实是无可名状的对比。然而当时的政治环境并不允许伍柳村先生对此多言，他只能将一切不满都蕴含在对政治运动"太残酷"的隐晦批评中。当他被迫在材料中将父亲定义为"反动"时，无从得知其心绪如何，然以之后几年他的消沉来看，到底是意难平。

---

[1] 《伍柳村》，载四川大学知名校友档案，现藏于四川大学档案馆。

因院系调整，1953 年中央政法干部学校的学习结束后，伍柳村被分配至西南政法学院（时称西南革命大学）。环境的变化倒在其次，家庭之变故才真正令人心灰意冷。但工作繁忙或可稍许分散些注意力，伍柳村"一方面协助西南高分院刑庭庭长孙子系同志备课，一方面辅导学生复习和讨论"，还和刑法教研室的同事一起撰写苏维埃刑法总论讲稿，并承担专修科的上课任务。他在自述中回忆："1956 年主要搞科研工作，先后到成渝两市及绵阳、温江等区各级人民法院搜集案例资料。在教研室主任李化南同志的指导下，写成了《什么是犯罪》一文约两万多字，1957 年我院第一次科学讨论大会上宣读。同时还辅导（19）58 级和（19）59 级本科学生刑法总分则的复习和讨论。"① 可以说是紧张有序。这样的状态本会持续下去，直至他遇见那件注定与他纠缠，与他福祸相倚的奇案。

1957 年，伍柳村"被学院指派担任重庆市一个诈骗案未成年被告的辩护人"。此事在他的总结材料中只被草草带过，正如他在辩护之前不会想到，一个少女会掀起惊天波澜。当时，这件案子被冠以"神秘女郎案"之名，在大街小巷、报纸杂志上广为流传。其实所谓神秘女郎只是一位十六岁的少女，名李朝玉，因在读书期间生病住院，得到班主任的诸多照顾，就被怀疑与班主任关系不正当、住院实为堕胎而遭到学校开除。返乡后，谣言愈烈，李只得再寻出路。在火车上，李谎称

---

① 《伍柳村》，载四川大学知名校友档案，现藏于四川大学档案馆。

自己是水利局的老师，要去重庆招生，而骗取同座的信任，后来受害人李但向其求爱，又介绍朱某与其认识。李朝玉以相同的理由骗取朱某的财物，后被抓获。伍柳村从有利被告人的角度出发，指出李是未成年人，其犯罪是因官僚主义太甚，因此有情可原等，为少女作无罪辩护。"伍柳村详细了解案情后，以充分的证据和严密的逻辑严谨的论证，洗刷了女生的冤情，使法庭作出无罪当场释放的判决。当时的最高人民检察院的领导同志旁听了全过程，闭庭后，他向伍柳村握手致谢，说：'做律师就应该这样辩！'次日，全国各大报，都对这场律师辩护制度的示范性成功辩护案例，作了详尽报道。"① 伍柳村大概也认为此次经历难得，于是作《神秘女郎记》以记之。未曾想一年后，情势急转直下，此事竟成其被攻击的借口。

　　生于 20 世纪初的中国人，当能理解命运无常四个字，国家之激烈变革，社会之新旧更替，无不深刻影响着身处其中的人。幸运的是，他们常有别人难窥甚至难想的经历，因而对人生的感悟更有说服力些。而不幸的是，个人的命运太易被时事左右，真是应了"人生如梦、好似浮萍"的评价，不论有根无根，一生始终漂泊。今人总以"顺境逆境"来盖棺定论，然而若真是一个有血有肉的人面对不可终日的惶惶，又岂会有笑谈顺逆、云淡风轻的心境？伍柳村先生坎坷的中年伴随着政治风

---

① 魏奕雄：《刑法学泰斗——伍柳村》，载《中共乐山市委党校学报》2007年第 1 期。

波毫无征兆地来临。"1958 年在'反右补课'中，认为我写的论文和辩护词都'散布旧法观点'，并否定已确定的历史结论，给我错误的处分。"而那场曾经令他风光无限、被认为是捍卫法治的辩护，却成为污蔑他"恶毒攻击我国社会制度是犯罪根源"① 的凭据，并与中华人民共和国成立前他任伪官吏、加入国民党等诸多事实一起，构成了"反革命的忠实骨干"② 伍柳村"罄竹难书的罪行"。1959 年 2 月，伍柳村被错判管制、开除公职、劳动教养，1964 年清放回家，1971 年起做临时工，直至 1979 年 6 月才予以平反。在长达二十年的岁月里，伍柳村饱受精神与身体的双重折磨，不仅如此，伍柳村的夫人周怀仪因患全身关节炎而长期卧床。伍柳村曾在描述家庭收入情况时写道："解放前，我在大学任教，爱人也在中学教书，一家即以工资收入维持生活；偶尔因生育或医病，母亲即从原籍工商业中，汇一点钱来津贴。解放后，因爱人患关节炎病势日益加重，行动艰难，不能参加工作，现只我一人工作，即以所得工资负担全家生活；我爱人医病所需药费，有时变卖点旧时衣服或用具贴补。"而后生活更是艰难。伍柳村老师的子女上学也受到家庭背景的影响。先生当时并未抱怨与恼怒，只是终日缄默不语，直至平反。伍柳村在其后的岁月中醉心学术，一心教书育人。

---

① 《伍柳村》，载四川大学知名校友档案，现藏于四川大学档案馆。
② 《伍柳村之女伍长康访谈纪要》，2016 年 7 月 9 日，访谈人刘楷悦。

四、重登杏坛

大起大落之后，伍柳村重回杏林。仕途宦海走一遭，世事难说洞明，至少明察了些。老先生学问不忘，始终还是个知识分子。与之前不同的是，这次他终于可以不被纷扰的俗事所累，安心治学了。1980 至 1983 年是伍老师的高产期，这期间他发表论文五篇，其中三篇获省和校级优秀科研成果奖。这些在刑法学界具有较大影响力、极富创新性的论文，即所谓厚积薄发，不仅奠定了其刑法学泰斗的地位，对于新中国刑法学的发展、中断多年法学教育的恢复也同样意义重大。1981 年，伍柳村先生被抽调至北京，受聘担任由司法部主持、法律出版社出版的全国高校法学教材——《刑法学》（法律出版社 1983 年版）、《刑法讲义》（法律出版社 1983 年版）、《公证制度讲义》（法律出版社 1983 年版）的责任编辑与审稿人。1982 年又调到法学教材编辑部参加《刑法讲义》（法律出版社 1984 年版，改写第九讲至第十三讲）的修改工作。此外，他自己还编纂了《刑法总则案例选编》（1980 年西南政法学院出版科主编）、《劳动改造法学》等著作（教材）。正是在赴京统编教材的过程中，伍柳村先生结识了一批在中国刑法学界举足轻重的人物。伍先生凭借扎实的功底、深厚的学养与敦厚的为人，得到了大家的由衷钦佩。也正因此契机，伍柳村的名字由西南走向全国，在刑法学界产生巨大的影响。

伍柳村先生后来之所以被称为"新中国的刑法学开创者之

一”，与其在“刑法中的因果关系、语言文字在犯罪构成中的性质、故意犯罪过程中的犯罪形态、犯罪的着手、教唆犯的二重性、我国刑事责任制度的理论根据等问题”① 上有深刻、创新性的认识不无关系。以《试论教唆犯的二重性》一文为例，陈兴良教授在梳理关于共犯理论的学术史时，着重提到了这篇论文，“二重性说，即共犯的从属性与独立性的统一说，最初是我国学者伍柳村教授在讨论教唆未遂时提出的。该命题一经提出，引起了较大的反响，并在一定程度上成为我国共同犯罪理论研究中的一个热点问题。……伍柳村教授的这篇论文，可以说是我国关于共犯问题的第一篇具有学术含量的论文”②。所谓教唆犯的二重性，即指从属性和相对独立性。“教唆犯的犯罪意图既然必须通过被教唆人的决意，并且去实施他所教唆的犯罪行为，才能发生危害结果或者达到犯罪目的，否则，是不可能发生危害结果或者达到犯罪目的的，所以，就教唆犯与被教唆人的关系来讲，教唆犯处于从属地位，教唆犯具有从属性。但是，教唆犯给予他人以犯罪意图这一行为，它与单个人犯罪的故意表示，其危害性是不相同的。单个人犯罪犯意表示还没有发生社会关系，只是个人犯罪意思活动的流露而已，所以不能认为犯罪，而在共同犯罪中，教唆犯的教唆行为则是教唆犯与被教唆人已经发生了人与人之间的社会关系，而且在这

---

① 《伍柳村》，载四川大学知名校友档案，现藏于四川大学档案馆。

② 陈兴良：《走向共犯的教义学——一个学术史的考察》，载《刑事法评论》2009 年第 2 期。

种社会关系中，又已显示出教唆他人犯罪这一行为本身对社会危害的严重程度。无论被教唆人是否去实行犯罪，教唆行为本身都应该认为犯罪，当然在处罚时也必须考虑被教唆人是否犯了被教唆的罪这一事实。所以，从这个意义上讲，教唆犯在共犯中又处于相对的独立地位，教唆犯又具有相对的独立性。"①伍柳村老师以《刑法》的规定为依据，批评了既有理论的单一，辩证看待教唆犯的属性，实属开天辟地。此文不仅在当时引起广泛讨论，且至今都具有影响力。

再如《试论犯罪的着手》一文，如高铭暄教授所语，"涉及的是一个比较复杂而细致的问题，过去很少有人专门论及"②。着手是区分犯罪预备与未遂的分界线，在对何为"着手"的解释中，主观说主张从犯意考虑，"凡可以认识出有犯罪意思的行为，就是实行犯罪的着手"。客观说则认为"凡是能从客观上观察到，着手于完成犯罪之危险行为；或着手于完成犯罪所不可或缺之行为；或着手于构成犯罪事实有密接关系之行为"都是实行犯罪的着手。伍柳村先生认为这两种说法都失之偏颇，易将预备与未遂混淆，它们要么扩大未遂犯的范围，要么导致陷入客观归罪的错误。因此他主张主客观相统一，从以下两方面认定犯罪的着手："第一，行为人在客观上已经表现出有为一定犯罪的意思，即犯意客观化；第二，与某一具体犯罪构成的客

① 伍柳村：《试论教唆犯的二重性》，载《法学研究》1982 年第 1 期。
② 《伍柳村》，载四川大学知名校友档案，现藏于四川大学档案馆。

观要件所要求的实行行为紧密相连接的起点。"①

此外,《划清罪与非罪的几个界限》就划分犯罪与民事违法行为、行政违法行为、违反纪律行为、不道德行为、落后言行等易被混淆的行为提出了观点。而《刑法中的因果关系》则对以往"不作为因果关系问题上的解释提出了不同意见,并从理论上说明了共同犯罪的因果关系问题"②。直至90年代,伍先生已年逾古稀,仍笔耕不辍,结合社会发展形势,产出高质量论文。伍柳村先生治学严谨,学术是其矢志不渝的追求。

1983年,伍柳村被重新评为副教授。从副教授到讲师再到副教授,其人生一如职称,虽历经磨难,终回正轨。1984年四川大学法学院恢复招生,伍柳村先生调回母校。此时川大法学院正在申报硕士点,伍柳村积极奔走,筚路蓝缕。1986年,伍柳村又被评为教授。他为刚刚建立刑法学硕士点的川大法学院鞠躬尽瘁。

恢复工作以来,伍柳村先后担任本科生和研究生刑法、外国刑法等课的主讲,许章润教授曾这样描述讲台上的伍老师:"伍柳村先生年事已高,而神清气爽,风度不减。每开讲,娓娓道来,要言不烦,东西纵横,时有幽默,一下子让我们看到了某种久违了的中国知识分子的气质与坚守,一种我华夏文明传统养育下特有的读书人形象。——先生派曾右,身劳改,二

---

① 伍柳村:《试论犯罪的着手》,载《法学杂志》1983年第3期。
② 《伍柳村》,载四川大学知名校友档案,现藏于四川大学档案馆。

十多年里被整得一佛出世，二佛升天，甚至只能长街叫卖，拉板车为生。劫后余生，重登杏坛，老人家将岁月风霜尽掩于谈笑，于辟雍论道中寄忧人间离合。而饮水曲肱，天假遐寿，硬是活给你们看，奈何天！"[1] 里赞教授亦谈及伍老师上课时的风采："伍老教我们时已经 70 多岁了，上课需要拄着拐杖，但教学非常认真，仪表简洁，喜欢穿中山装。伍老不仅学识渊博，而且上课风趣幽默，学生学习法律的劲头十足，如饥似渴，我们那一届的刑法学笔记本是最抢手的。"

韩愈有言："师者，所以传道授业解惑也。"除了上课，指导论文、探讨交流，伍柳村都知无不言。有学生写出论文，伍柳村教授认真指导修改，并推荐在《西南政法学院学报》《法学研究》等刊物发表。学生找他共同署名，他说："只要你们在学习上有成就，我感到很快乐。"[2] 如此直至 1992 年退休。难怪伍长康会说："父亲与学生谈得多，与家人反而谈得少些。有时我觉得，他爱学生胜过爱我。"她后来任教四川大学，成为法医学领域的专家，亦是受到父亲的影响。而伍柳村与常年卧病的夫人周怀仪数十年相濡以沫，悉心抚育三个孩子的成长，自是将家庭责任感纳于无声的爱中。先生不仅于家庭有小爱，更于众生有大爱。

先生晚年，名誉加身，被评为"四川省优秀教师"，获得

---

① 许章润：《幸能跻身法理学研究的前前后后》，载《华东政法大学学报》2009 年第 3 期。

② 《伍柳村》，载四川大学知名校友档案，现藏于四川大学档案馆。

国务院国家级政府津贴专家待遇、中国法学会法学教育 50 周年老法学家荣誉奖（四川省唯一获得该奖者）等；兼职亦众多，他是四川省文史研究馆馆员、民革成都市委顾问、四川省政协委员、中国法学会刑法学研究会顾问、四川省法学会顾问、四川省海峡两岸法律研究会名誉会长、四川省检察学会顾问，并曾任南开大学法学研究所研究员，广州大学、西南财经大学等校教授等。然而一如他重义轻利的毕生笃行，名利于他，实为浮云。2006 年 10 月 11 日，伍柳村病逝于四川大学华西医院。前往吊唁者众，其中不乏官居高位者、举足轻重者。然而在伍柳村老师面前，他们的身份只是学生。桃李不言，先生之学养与风骨却绵延流长。

伍柳村一生，历经大风大浪，意气风发时有，郁结低落时亦有。他谈笑有鸿儒，往来却不拒白丁。他出仕济世，发展教育，培育英才。世人眼中的伍柳村，是政治家伍柳村、教育家伍柳村、法学家伍柳村，然而在笔者看来，先生一生始终未变的身份，是以家国为己任、以尚学为根本的，读书人伍柳村。

第八章　周应德先生评传

周应德，著名刑侦学家，四川大学法学院教授。

一、狂飙年代：斗争中入党

百年前的浙江南湖畔，悠悠红船开启了中国共产党的跨世纪航程。同年重庆南川大观乡，周家迎来了第二个儿子的降生。周家夫人杨氏一生共诞下三子，分别取名为应培、应德与应全。在那个兵荒马乱的年代，这个曾走出三位进士、八位举人的书香世家不会想到，周家三子与周氏家族的未来将与中国共产党百年征程的艰难、坎坷、辉煌紧紧联系在一起。

20世纪初战争已经降临到中国的土地上，幸运的是地处西南边陲的南川县尚未受到兵燹的波及。家学渊源的周家给予了三兄弟良好的家庭教育，天资聪颖的周应德就读于南川本地的私塾学校。待到七七事变发生时，周应德已经经历了7年南川私塾的学习和3年在重庆私立中学的教育①，扎实的知识功

---

① 周应德1928—1934年就读于南川私塾，1935—1937年就读于重庆私立中学。

底让青年周应德初步形成了自己的人生观与价值观。1938年周应德一举考中重庆联立高级中学①，获得公费学习名额，17岁的青年得以走出家乡一展拳脚。

当周应德带着好奇打量重庆城的时候，大哥周应培已经在赫赫有名的"川东师范学堂"②度过两年的学习时光。川东师范学堂是重庆最早的新式学堂，更是重庆宣传、学习马列主义的思想阵地，张闻天、萧楚女等早期共产党员均曾在此播下革命思想的种子。受到强烈的革命思想与爱国情怀的熏陶，周应培于1936年参加地下学联，一年后入党并担任川东师范地下特支书记，迅速成长为一名优秀的学生党员。大哥的进步思想和革命活动给予了17岁的周应德极大的思想冲击，他曾经多次回忆："大哥是我走向革命道路最重要的引路人。"③

与川东师范的情形类似，20世纪30年代后期的重庆联立中学形成了浓厚的进步思想氛围。周应德甫入联中，就如饥似渴地阅读马列主义经典著作，还加入了怒潮歌咏队、兴群剧团、抗建读书会等组织参与学生运动。1939年眼见抗战局势初步稳定，蒋介石迫不及待地展开了对共产党的又一次打压。为"加强对各公、私立大中学校的控制"，出于对联中宣传进

---

① 重庆联立高级中学可追溯至1758年创建的缙云书院，1915年更名重庆联立高级中学，现为重庆市第七中学校。

② 即官立川东师范学堂，清政府在重庆创办的第一所正规的师范学府，现西南大学的前身。

③ 《周应德访谈纪要》，2021年5月9日，访谈人张昊鹏。

步思想的不满，时任四川省主席张群和教育厅厅长郭有守联名下达密令打压学校进步师生，并改换青年党人张佐为联中校长。

新任校长不仅贪腐严重，而且一改学校民主自由的氛围，查禁学校进步书刊，限制师生宣传进步思想，解聘支持抗日救亡活动的教职工，集体开除包括周应德及其三弟周应全在内的59名爱国学生。社会各界一片哗然，引起了新闻媒体的广泛关注，《新华日报》就此事撰写社论批评教育当局：

　　学校当局不仅未能有所革新，反而同时集体开除学生五十九人，学潮起后，至今多日，未见解决。这是教育界的耻辱，是学生们的不幸。同类情况，是否存在于他处，虽不得而知，但是校长贪污，教员悉职的这个事例，却已经足够使我们，尤其是教育当局警醒！①

联中学生群情汹涌，愤然发动学潮，周应德与学潮队伍前往前大元帅府秘书长杨沧白先生的府邸请愿游行。迫于社会各界的压力，张佐不得不收回成命，周应德等59名学生也得以重回学校学习。面对国民党种种倒行逆施的行为，满怀抗日救国热情的周应德感到无比失望与愤慨，在党的鼓舞下，年仅18岁的他在联中地下特别支部入党，成为一名共产党员。

---

　　①　《重庆联中学潮与抗战教育》，载《新华日报》1940 年 1 月 31 日。

二、朝阳激浪：学运与求知

"联中学潮"的发生仅仅是国共合作陷入低潮的前兆之一，此后国内局势急转直下，国民党当局消极抗日，压制爱国救亡活动，对进步学生的打压也愈发肆无忌惮。革命斗争形势的恶化迫使周应德开始了长达十年的地下工作生涯。面对国民党的白色恐怖，中共中央南方局对地下工作提出了"隐秘精干、长期埋伏、积蓄力量、以待时机"的十六字方针，组织要求党员"勤业、勤学、勤交友"，鼓励"有条件读书的（党员），争取升学"①。周应德一面以在南川作教师的身份为掩护，一面积极备考升学，考入了从北平西迁的朝阳大学，就读于法律系二十四班。

西迁成都时的朝阳大学管理自由民主，聘用进步教授讲授马列主义，成为中国共产党领导下抗日救亡运动的战斗堡垒，被誉为成都的"抗大"。朝阳大学的进步教授以邓初民（新中国成立后曾任民盟中央副主席）、马哲民（新中国成立后曾任湖北省民盟主委）、黄松龄（共产党员，新中国成立后曾任高教部第一副部长、人民大学副校长）② 最具影响。三位教授曾

---

① 周应德：《周应德简述》，未发表。
② 参见黄飞声、傅祯：《朝阳学院在成都》，载薛君度、熊先觉、徐葵：《法学摇篮——朝阳大学》，东方出版社，2001年版，第106页。

创办一个小型刊物①面向中学生进行抗日动员和马克思主义理论宣传，学生将三人的姓连在一起，尊称为"邓马黄"。朝阳大学也因集聚了三位民主教授，"一时成为成都抗日救亡、民主革命的宣传重地而颇具影响"②。然而国民政府教育部部长陈立夫认为朝阳大学是"共产党的窝子"③，企图通过分化学生、撤换院长、迁移学院的办法，赶走"邓马黄"，"拆除成都开展抗日宣传的阵地"④，1941 年朝阳大学被强行迁往巴县兴隆场。

　　进入朝阳大学读书的周应德借助活跃的校园氛围积极开展学生运动，宣传进步思想，迅速成为朝阳大学学运工作的重要力量。当时的大学政治势力往往以国民党和三青团为主，有红色思想的进步青年只得被迫转入地下；唯独朝阳大学是星火相传的红色大学，进步学生能够紧密团结起来打压敌对势力。⑤

---

　　① 据邓初民的学生杨起华回忆，三位教授创办的刊物为《大声周刊》。然据张原考证，杨起华所提及的《大声周刊》并非车耀先同志于 1937 年在成都创办的报纸《大声周刊》，其中关联尚难以考证。参见杨起华：《忆邓初民同志在成都》，载《人民日报》1982 年 2 月 18 日；张原：《民主知识分子的媒介实践与马克思主义早期中国化——以邓初民为个案的考察（1915—1949）》，载《新闻与传播研究》2020 年第 1 期。

　　② 张原：《民主知识分子的媒介实践与马克思主义早期中国化——以邓初民为个案的考察（1915—1949）》，载《新闻与传播研究》2020 年第 1 期。

　　③ 汪洪：《张知本》，载严如平、熊尚厚：《民国人物传》（第 8 卷），中华书局，1996 年版，第 177 页。

　　④ 中国中共党史人物研究会：《邓初民传》，载中国中共党史人物研究会《中共党史人物传（第 27 卷）》，中国人民大学出版社，2017 年版，第 281—282 页。

　　⑤ 《周应德访谈纪要》，2021 年 5 月 9 日，访谈人张昊鹏。

随着国共关系由合作转向恶化，新任校长孙晓楼"对学生一贯实行高压（政策），（学生）动辄遭默退"[①]。周应德积极参加请愿团同校方斗争，校方反愈以高压手段对待学生的合理诉求，甚至以贴出布告谎称兴隆场"霍乱流行，故提前放假"[②]的昏招驱散同学，连《新华日报》都以《朝阳学院儿戏学业》为题进行了报道。

1945 年年初周应德亲历了朝阳学潮的爆发，朝阳学生直指膳食紧张与校方贪污问题集会请愿。面对校方与学生关系的再次激化，孙晓楼甚至调遣内二警[③]以武装镇压学生的集会斗争。请愿团未有丝毫畏惧，一方面以文斗合法请愿，另一方面曾有参军经历的左派进步学生亦拿出武器为同学们打气。因惧怕学生集会斗争，雨夜中校长孙晓楼在内二警的保护下仓皇离开学校，谋划对策。适值著名法学家章任堪教授母亲去世，周应德在忧愤中撰写挽联一副，暗讽国民党倒行逆施之举。

　　　　国难方殷，痛恨他小人道长，如此施行，抗战奚如折
　　枝易；

　　　　傲骨有根，独怜我夫子固穷，者番磨难，生活更比行

---

① 张钧陶、黄飞声、傅祯：《抗战时期迁川的朝阳学院》，载薛君度、熊先觉、徐葵：《法学摇篮——朝阳大学》，东方出版社，2001 年版，第 100 页。
② 《朝阳学院儿戏学业》，载《新华日报—汉口—重庆》1945 年 6 月 22 日。
③ 内政部第二警察总队。

第八章　周应德先生评传

路难。[1]

1945 年 5 月 25 日《新华日报》存留了此次学潮的斗争场景，周应德和请愿团学运斗争之激烈可从中略窥一二。

> 我们二月份上半月的伙食，经查账委员会查明，主办人确实有舞弊情事，并列出贪污数字和证据……原来该主办人是院长的同乡，是特殊阶级人物。

> 日前公费贷金同学，商讨今后膳食事宜……第一，今天我们讨论膳食问题的会议是很郑重的……校方可在会上当面指正，不要事后召去作私人谈话。第二，我们商讨膳食问题的每次集会，都有训导处人士参加，希望以后不要再会后说我们会议不合法。[2]

在学生运动高潮之际，请愿团发动朝阳全体同学浩浩荡荡前往校董居正家中请愿。"同学们午夜从兴隆场出发，男男女女几百人，披星戴月，爬山越岭……黎明到达"，居正见到此情此景"大受震动"[3]。时至今日，周应德教授仍牢牢记得古

---

① 鲁磊：《十年地下 半世刑侦》，载《中国教育报》2019 年 2 月 22 日。

② 《朝阳学院补发寒衣费 30 元》，载《新华日报—汉口—重庆》1945 年 5 月 25 日。

③ 张钧陶、黄飞声、傅祯：《抗战时期迁川的朝阳学院》，载薛君度、熊先觉、徐葵：《法学摇篮——朝阳大学》，东方出版社，2001 年版，第 102 页。

稀之年的居正为平息学生情绪，站立演讲数小时不曾休息。

近代中国的法学教育素有"北朝阳，南东吴"之称，自创建之日起，朝阳就明确树立"创设专门法科大学，养成法律人才"的基本宗旨和培养目标，① 创办十余年后，民国已有"无朝（阳）不成（法）院"的说法。1937 年后国内高等院校西迁，拥有雄厚的师资力量与强大的政治支持，朝阳法学仍能在西南地区独树一帜。据 1948 年 7 月朝阳大学毕业同学录记载，除时任司法院院长的居正任校董外，丁惟汾、王宠惠、江庸、孔祥熙、孙科、谢冠生、张知本、夏勤、陈立夫等国民政府要员 14 人均任董事。朝大的教授亦都为在专业领域享有盛名的专家学者，如学校初期的程树德、张孝簃；后期的蒋子英、马寅初、翦伯赞等人。② 在朝阳大学度过的四年里，如果说学潮运动磨炼了周应德坚毅的精神品格，那么法学学习便塑造了他一生的法学情怀与学术风骨。新中国成立后，周应德奋战在法学教育前线，在朝阳度过的这段青葱岁月"奠定了他后半生法学生涯和事业基础"，他曾在自述中写道："我对朝阳是有感情的。"③

---

① 李秀清、陈颐：《朝阳法科讲义（第一卷）》，上海人民出版社，2013 年版，第 2 页。

② 参见张钧、董芳：《朝阳大学与中国近现代法学教育》，载《法学杂志》2004 年第 6 期。

③ 周应德：《我的法学生涯》，未发表。

三、渝都峥嵘：危机中求变

1946 年的中国人民尚未从抗战胜利的喜悦中走出，国共合作的全面破裂使得于国统区工作的共产党员同志陷入白色恐怖的笼罩，入党以来以学运斗争为主的周应德一从朝阳毕业便立即投入同国民党特务的激烈斗争。同在重庆地下党委领导下工作，周应德与我党历史上著名革命烈士江竹筠（江姐）颇有一段渊源。在周应德调入重庆南岸工作之前，江姐即为南岸联络员，后因其丈夫彭咏梧长期领导川东武装斗争，组织将江竹筠调往川东工作，同时召集周应德、周应培和何明璧三人组成"南岸学运特支"继续江姐的革命工作。工作不久的周应德就同江姐一样遭遇了新中国成立前夕我党地下组织损失最为惨痛的《挺进报》事件。

解放战争全面打响后，受到《新华日报》被查封的影响，国统区的群众突然失掉了来自中央的消息，处于白色恐怖下的黑暗之中。[1] 中共重庆地下党希望通过印制《挺进报》的方式"在重庆地下党和可靠的外围群众中发行传播"，以期打破国民党的白色恐怖。1948 年全国民主运动高涨，重庆地下党委将《挺进报》广泛散发，希望"瓦解、分化国民党内部"[2]。这一

---

[1]　孙丹年：《〈挺进报〉事件始末和深刻教训》，载《福建党史月刊》1997年第 5 期。

[2]　陈与、刘渝：《〈挺进报〉大揭秘 还原重庆地下党真实历史》，载《重庆与世界》2013 年第 7 期。

决策引起了国民党的反扑，特务徐远举曾在狱中回忆，《挺进报》的广泛发行引发顶头上司的震怒和南京方面的责难，西南军政长官公署长官朱绍良下令限期破案，"务必清查破获中共地下党组织"①。

压力之下国民党特务四处搜查《挺进报》线索，部分年轻党员缺乏斗争经验不慎暴露导致部分重庆市委领导被捕。以《挺进报》切入，重庆地下组织逐渐暴露在国民党特务眼前。重庆市委书记刘国定以普通党员的身份被捕，由此牵连出市委副书记冉益智，冉益智的叛变又暴露了刘国定市委书记的真实身份，从而导致了刘国定的叛变。刘、冉二人的叛变直接引爆了《挺进报》事件，重庆地下党组织遭到重大破坏，并牵连川东、川西，波及南京、上海，给党的事业造成惨重损失②，江姐等红岩烈士因此牺牲。

叛变后的冉益智自忖其在国民党中的前途与自己掌握的情报紧密相关，为了保留自己的利用价值，同时与国民党方面讨价还价，他并未吐露出其掌握的全部组织名单，周应德所幸处于其中并未立即暴露。尽管如此，一直受"老冉"③ 直接领导

---

① 徐远举即《红岩》中特务头子徐鹏飞的原型，他在服刑期间曾自述《挺进报》事件的始末。见徐远举：《"徐鹏飞"自述》，载《文史精华》2001 年第 3 期。

② 孙丹年：《〈挺进报〉事件始末和深刻教训》，载《福建党史月刊》1997 年第 5 期。

③ 调入南岸特支后，周应德只知相继受到"老刘""老冉"的单线领导，事后方知刘即刘国定，冉为冉益智。参见周应德：《周应德简述》，未发表。

的周应德面临着随时暴露的危险，所幸在特务大肆搜捕组织的同时，得知相关消息的市委同志及时通知周应德转移，他果断决定离开重庆，借高等科法官班受训之机前往南京隐蔽。

受《挺进报》事件的影响，重庆和川东地区的党组织与上级党组织失去了联系，周应德肩负起了寻找南方局重新与组织联系的任务。借前往南京的机会，周应德辗转苏州和上海与南方局寻求联系，为遭受《挺进报》事件破坏后几近瘫痪的重庆地下组织重新接入了关系。在南京隐蔽一段时间后，周应德终于得知了《挺进报》事件造成的巨大损失，方才意识到自己身处其间的种种凶险。刘、冉二人的破坏力远不止重庆一地，不久后周应德就收到了二人要来京沪①破坏南方局的消息，他只得辗转杭州暂避才得以免受波及。高等科法官班的培训结束后，周应德已然无法继续重庆的潜伏工作。从南京返回重庆并将工作交接完毕后，上级指示"原则上要离开省，远一点好，待住定后联系"②。综合考虑复杂的斗争情况，周应德以永川法院首席检察官的身份为掩护暂于永川住定，并将组织关系转接至川东区委。

伴随着人民解放战争的节节胜利，中共成都市委根据川康特委"支援川东，建立据点，开展工作，为进军西南的人民解

---

① 指南京和上海。
② 《周应德人事档案》，现藏于四川大学人事处。

放军做好先遣工作"的指示，组成了中共川西先遣工作组。①
永川县县长邱挺生的女儿是周应德在朝阳大学法律系的同窗，
法院院长胡庆熹也是朝阳校友。周应德借潜伏隐蔽的契机对邱
挺生和胡庆熹展开思想工作，待到川西先遣工作组正式与二人
接触，策反工作已经水到渠成。同时周应德与胡庆熹共同签字
决定安定员工，释放监犯，重刑犯留监待处。1949 年 12 月解
放军队伍进入永川，全城红旗飘扬、鞭炮连天，地下工作十年
的周应德终能以全新的身份庆祝新中国的诞生。永川解放后，
周应德担任永川接管委员会工作，原永川首席检察官代表人民
政府接管永川司法系统工作，留下了"（永川法院）大印左手
交右手"② 的佳话。

四、新旧之间：刑侦填补空白

新中国成立之初，旧法已废，新法未立，国家既需要及时
制定法律以规范社会秩序，但又"不宜于急求制定一些既不成
熟又非急需的'完备''细密'的成套的法规，以致闭门造车
或束缚群众的手足"③。1954 年 4 月至 5 月召开的全国政法高
等教育会议决定"有计划、按比例地培养忠于社会主义建设事

---

① 欧利伟、何力：《永川解放前夕的统战策反"暗战"》，载《红岩春秋》
2014 年第 4 期。

② 鲁磊：《十年地下 半世刑侦》，载《中国教育报》2019 年 2 月 22 日。

③ 《关于政法工作的情况和目前任务》（一九五一年五月十一日政务院政治
法律委员会彭真副主任向政务院第四十八次政务会议的报告，并经同次会议批
准），载《大刚报》，1951 年 5 月 29 日第 3 版。

业、热爱祖国、体格健全、具有坚定的工人阶级立场和社会主义的政法观点，掌握先进政法科学、熟悉专门政法业务的工作干部和法学家"①，国家急需培养一批人民司法干部为社会主义政法建设服务。

毕业于有法学摇篮之称的朝阳大学，又有多年在法院的工作经验，更是一名久经考验的老党员，周应德无疑是一名"掌握先进政法科学、熟悉专门政法业务"的法学家。调离永川后不久，在西南政法学院参加培训的周应德被当地组织"截留"，成为一名法学教师，这成了他半生人民法学教育工作的起点。

苏联莫斯科大学柯尔金教授于中国人民大学法律系开设进修班讲授《苏维埃犯罪对策学》，周应德代表西南政法大学参加了为期两年的培训学习。同班学习的均为全国高等院校的在职教师，如中国人民大学（王舜华、张振藩、周惠博、徐立根、竞宜）、北京大学（薛景元）、武汉大学（洪汉波）、吉林大学（马治和）、西北政法学院（赵金科）、中南政法学院（张嘉）、华东政法学院等院校共十余人，周应德任党支部书记。基于坚实的法学基础和丰富的实务经验，周应德迅速掌握并回校讲授"刑事侦查"课程，同一批培养的教师也成为国家最早的刑侦学师资。②

---

① 《中国教育年鉴》编辑部：《中国教育年鉴（1949—1981）》，中国大百科全书出版社，1984年版，第266页。

② 参见周应德：《序言》，载翁里：《犯罪侦查学》，浙江大学出版社，2002年版，第2页。

与传统法学学科不同，刑事侦查天然带有为复杂严峻的政法工作服务的特性。由于社会秩序尚不稳定，政法领域呈现公检法三家分工合作，公安权力偏重的局面，这意味着这一时期刑事侦查学"未能从整个侦查工作的教学内容中独立出来，未能形成现在意义上的刑事侦查学"①。

"文化大革命"后，作为维护治安秩序的重要机关，公安系统尤其是刑侦队伍的素质亟待提高。1978 年司法部征求全国各政法院校的意见，希望为公安部每年培训 100 名刑侦本科生。在多数院校囿于师资和经费问题无法承担的情况下，周应德代表西南政法学院接下了这一政治任务。之所以敢于接受，不仅源于学院已经具备的刑侦教学基础，更是源于周应德作为老一辈革命家的魄力和担当。

筹措经费，整合机构，编写教材，购进仪器……在司法部与公安部的支持下，西南政法学院组建了以周应德为教研室主任，由刘泽贵、黎镇中、邹明理②、付近悦、谢增庆、胡学贵、谢仁福等 20 名教师组成的教研团队。在西南政法学院各专业合计仅保持 3000 名学生规模的情况下，自 1979 年开始，刑事侦查专业保持每年 100 余人的招生规模，生源以四川为主，覆盖全国主要地市，为改革开放初期国内政法干线培养出

---

① 董纯朴：《中国当代侦查历史特点研究》，载《铁道警官高等专科学校学报》2010 年第 2 期。

② 邹明理（1935 年 9 月—　）：西南政法大学教授，我国司法鉴定行业的泰斗级元勋。

一批骨干力量。[①] 这样，周应德为西南政法学院创立了全国首个刑事侦查专业，直至今日，"以侦查学为代表的公安专业是重庆唯一西部领先、在全国有重大影响的一个专业"[②]。

1984年，教育部批准西南政法学院使用150万美元的世界银行贷款。在教育部专家小组的评估中，周应德力主用150万美元的贷款与司法部400万元的配套资金，筹建一所一流水平的司法鉴定中心。[③] 集教学、科研、鉴定三位一体，引进一批科研人员，建立11个实验室，购买世界先进水平实验设备，承担16门专业技术课的教学任务……[④]在周应德的努力下，1986年9月，以刑事侦查实验室为前身享有司法技术鉴定权的全国首个司法鉴定宣告中心成立。

桃李不言，下自成蹊，西南政法大学校长付子堂曾历数西政刑侦专业的数个"全国第一"：第一个刑事侦查学本科专业，第一本侦查专业教材，第一本专门研究侦查的学术期刊，第一个职务犯罪侦查专门化班，第一个侦查学、警察科学硕士学位授权点，全国第一个侦查学教授，高校第一个司法鉴定中心……[⑤]所有第一的创造都与刑事侦查专业的缔造者周应德不

---

① 参见《高等学校基层报表》，现藏于西南政法大学档案馆。

② 西南政法大学党委副书记吴钰鸿语，见《四十年回望新中国成立的首个刑侦专业》，光明网2019年12月8日电。

③ 参见《西南政法学院关于设立司法鉴定中心等机构的紧急请示》，现藏于西南政法大学档案馆。

④ 参见西南政法大学校史编辑委员会：《西南政法大学校史》，2003年版，第137—138页。

⑤ 《四十年回望新中国成立的首个刑侦专业》，光明网2019年12月8日电。

可分割。

五、挥毫落纸：学术孕育硕果

在刑事侦查学的研究与实践中，周应德教授从事法学教育四十余年笔耕不辍，他深入探索刑侦学科理论前沿问题，深度结合公安部门侦查实务，同时以宣传推广刑侦学科为己任，挥毫间孕育出丰富的学术成果。

刑事侦查学发展初期，一度有人怀疑它只是一门"边缘学科"，"刑侦无学"的传言也甚嚣尘上。1963 年在周应德的主持下，由刘泽贵、邹明理主编，周应德通审定稿的《刑事侦查教学提纲》成为全国最早的刑侦学教材。[①] 这本 5 篇 25 章的教材初步建立了刑事侦查学学科体系，提出了刑事侦查学的方针、原则及指导思想，各篇各章具有较强的理论性，基本上总结了当时各项犯罪活动的规律和基本对策。

1980 年至 1981 年司法部组织统编全国法律教材，周应德再次领衔教研室邹明理、胡学贵、刘泽贵等教授共同参加了刑事侦查学科教材的编写。[②] 在本次《犯罪侦查学》的编写和定稿讨论中，周应德坚持认为刑事侦查学是法学体系重要的组成

---

① 周应德：《序言》，载翁里：《犯罪侦查学》，浙江大学出版社，2002 年版，第 2 页。

② 在代表西南政法学院参加编写的七人中，四人来自刑侦教研室，也是七门学科中编写人员自同一学校最多的学科，可见当时西政刑侦举足轻重的地位。参见《关于教学、科研和本院参加统编教材的人员名单》，现藏于西南政法大学档案馆。

部分。曾庆敏[①]教授曾评价："（周应德）本人撰写的《侦查的基本原则》和《侦查破案的一般方法》两章，是贯穿全书的指导原理，政策性、理论性、实践性强；《辨析案件的侦查》一章，将侦查实践中行之有效的若干经验、对策上升为侦查理论，对侦查实践具有指导意义。"[②] 1982 年于法律出版社出版的《犯罪侦查学》成为新中国第一部公开出版的全国高等学校通用教材，被列入国家教育委员会组织制定的高等学校文科教材编选计划。周应德和编写专家在书中指出："犯罪侦查学是关于揭露犯罪、证实犯罪的具体方法的科学……是刑事法律科学中的一个专门学科，是我国法学体系的一个组成部分。"[③]该教材的出版是对"刑侦无学"观点的有力回击，"构建了我国当代侦查学的基本体系和框架，代表了当时侦查学最高研究水平，在全国法学界、侦查学界产生了广泛持续的影响"[④]。

十年动乱结束后，拨乱反正工作和社会经济的发展对法制建设提出了更高的要求。社科院法学研究所的学术领导人王珉灿同志认为，与其分散写各个学科的教科书或专著，不如先写一部将法学各个学科的内容整合起来的专科词典，可以使司法

---

① 曾庆敏：1957 年毕业回国即参与中国社会科学院法学所的筹备工作，历任助理研究员、副研究员、研究员。曾与周应德共同参加《法学词典》《刑事法学词典》《法学大辞典》的编纂工作。

② 《周应德人事档案》，现藏于四川大学人事处。

③ 周应德：《犯罪侦查学》，法律出版社，1982 年版，第 2 页。

④ 董纯朴：《中国当代侦查历史特点研究》，《铁道警官高等专科学校学报》，2010 年第 2 期，第 28—35 页。

工作者先对各法律学科的概念有一个科学的了解，将各学科有内在联系的概念串起来，就可以对该学科的基本面貌有一个基本的了解。① 在社科院的支持下，周应德被邀请进入"词典组"，参加新中国第一本法学专科词典《法学词典》的编纂工作，担任常务编委、编委和主要撰稿人。从 1978 年 8 月他参加第一次会议至 1980 年 6 月该词典问世，周应德与其他专家凭借坚韧不拔的毅力保障了《法学词典》的顺利出版，《法学词典》后又进行增订工作，累计印刷 8 次，海内外发行 119.1 万册。此后周应德又相继参加了《中国大百科全书·法学卷》（编委兼刑事侦查学学科主编）、《刑事法学词典》（副主编兼刑事侦查学学科主编）、《法学大辞典》（顾问、副主编、犯罪侦查学学科主编、编委）的编纂工作。周应德编纂的著作条理清晰，新颖性强，充分反映了当时刑侦学科的发展水平，极大地宣扬和发展了我国刑事侦查学。

周应德还于 1985 年主持创办了第一本专门研究侦查的学术期刊《侦查》（季刊）。杂志"每期发行 5000 册，着重反映国内刑事侦查的研究成果，交流刑侦业务工作经验，辟有'刑事侦查工作专论'等十多个栏目，受到国内刑事侦查工作者和政法院校师生的欢迎"②。

---

① 曾庆敏：《科学与民主的实践——忆我国第一部法学词典的诞生》，载《辞书研究》2010 年第 5 期。

② 西南政法大学校史编辑委员会：《西南政法大学校史》，2003 年版，第 107—108 页。

除了为刑事侦查学的基本架构奠定了基础，周应德在学术观点的最大贡献还在于对刑事侦查中"同一认定"和"犯罪原因"理论问题的研究。他在文章《刑事侦查同一认定中的几个理论问题》中紧扣"自身与自身同一"的理论，反驳混淆"相似"与"同一"的行为，论证了二者之间的区别以及物的特定性问题。同时指出刑事技术鉴定中的同一与哲学上同一的区别以及我国刑事鉴定实践中追求特征形式上同一的机械对比方法及科学性①，该论文的发表是学界对于刑事侦查基础理论研究的巨大进步。该文原载于《西南政法学院学术报告论文集》，后被《中国法学文集——纪念中华人民共和国建国 35 周年（第一辑）》收录。

在文章《论犯罪的形成因素与产生犯罪的根源》中，他从历史唯物主义的角度批驳了影响犯罪的超自然神力问题，坚决反对近代以来犯罪原因的"生物因素决定论"和"社会因素决定论"。他认为"研究犯罪原因，要按层次来考虑。要考虑一定国度内整个社会产生犯罪的社会根源，和行为人个人走向犯罪的原因。这是不同层次的问题。还要区分犯罪发生的原因和影响犯罪的条件"，并阐明了社会经济制度决定犯罪的全部涵

---

① 参见周应德：《刑事侦查同一认定中的几个理论问题》，载《中国法学文集》编辑组：《中国法学文集（第一辑）》，法律出版社，1984 年版，第 203—208 页。

义。[①] 该文于 1987 年发表在《侦查》杂志上，具有较强的理论性，而后被收入《四川大学哲学社会科学论文选（第 3 辑）》中。

刑事侦查学具备较强的实践性，周应德认为刑侦专业的本科与研究生教育必须与实践相结合，他组织刑侦专业在成都、重庆、南昌、杭州等十多个城市建立了实习基地。另外，改革开放初期公安战线的工作人员普遍缺乏系统的刑侦教育，面对疑难复杂案件常常需要请教周应德等刑侦专家。尤其是面对十年浩劫遗留下的大量积案，周应德亲自带队参加公安厅专案组指导案件侦办工作。面对刑侦教育和实务部门的紧急需求，周应德基于刑侦实践经验编写出《盗窃案例专集》（1983）、《诈骗案例专集》（1986）、《凶杀案例专集》（1986）三本案例专集。案例专集在全国范围内精选出具代表性的案件，由公安机关内部发行，成为指导公安干警办案与学生学习破案技巧的重要著作。

周应德对刑侦学科的研究和成果遍布理论和实务领域，他提出的犯罪现场分类标准已经成为中国侦查学术界、刑事侦查教育界以及司法、实务界对犯罪现场分类的基本标准。[②] 80 年

---

① 参见周应德：《论犯罪的形成因素与产生犯罪的根源》，载《四川大学哲学社会科学论文选》编辑委员会：《四川大学哲学社会科学论文选（第 3 辑）》，四川大学出版社，1990 年版，第 373—383 页。

② 江平：《20 世纪中国知名科学家学术成就概览·法学卷·第二分册》，科学出版社，2014 年版，第 402 页。

代西南政法学院设立学位评定委员会，周应德成为评定委员会七位委员之一①，同时担任四川省和云南省刑事技术职称评审委员会副主任。曾多次共同编写学术著作的曾庆敏教授曾总结他的理论成果"观点清晰，论据充分，理论谨严，言简意赅"。著名刑侦学家周惠博教授②高度评价他"（对）犯罪侦查学（的研究），已达到了精通的程度，学术造诣较深，科研水平较高"③。因"刑侦学，造诣深，影响较大"，周应德教授被推荐收录至《中国人名词典》（教育界部分）④。

六、学府传经：重建川大法学

1946 年，因重庆党委需要，江竹筠离开川大协助丈夫彭咏梧的工作；同年，周应德从朝阳大学毕业接替其在南岸的学运工作。《挺进报》事件爆发后，二人虽未谋面却亦在并肩战斗，危机中江竹筠被捕壮烈牺牲，周应德为挽救党组织辗转多地。

四十年后，作为中国刑侦学科奠基者的周应德来到了曾经并肩战斗的江姐的母校——四川大学。"事到濒危依党在，壮

---

①　《关于我院学位评定委员会组成人员的报告》，现藏于西南政法大学档案馆。西南政法学院学位评定委员会共由张警、王锡三、杨景凡、杨炳勋、邓又天、周应德、金平等七位法学家组成。

②　周惠博（1927 年—2021 年），著名法学家，新中国侦查学的奠基人，中国人民大学法学院原教授。

③　《周应德人事档案》，现藏于四川大学人事处。

④　《关于推荐周应德等六位同志作为〈中国人名词典〉（教育界部分）任务选收对象的报告》，现藏于西南政法大学档案馆。

怀激浪渡横礁",三尺讲台未曾改变人民党员的革命斗争精神,年逾六旬的周应德再次挑起了恢复重建川大法学学科的重任。

1980年5月教育部印发《加强高等学校社会科学研究工作的意见》,1982年12月五届全国人大第五次会议首次将"哲学社会科学"单章列入国家经济社会发展总体计划。在"解放思想,实事求是"的号召下,"凡是历史上举办过法政学堂的大学都在千方百计地恢复,这七八十所学校是目前中国法学教育的核心和重镇,奠定了中国法学教育的基础"①。四川大学作为一所在历史上拥有过法政教育传统的综合性大学,也启动了法律系恢复重建的进程。

重建法律系面临着师资和财力严重短缺的直接困难。1952年院系调整时川大法学院整体并入西南政法学院,恢复重建只能从外引进人才。主持法学重建的秦大雕、赵炳寿教授首先想到了与川大渊源颇深的西南政法学院,力邀刑侦学周应德教授与刑法学伍柳村教授来川大教学。1985年拒绝了国内多所知名高校邀请的周应德正式调任四川大学法律系,1986年晋升为教授,推动重建川大法学教育。64岁、拥有30余年教学经验的周应德成为建系初期的中坚力量。

在担纲刑侦教学的同时,他还组织创办四川大学法学研究所并担任所长,参加筹建法学硕士点并担任刑侦研究生导师,

---

① 徐显明、黄进、潘剑锋、韩大元、申卫星:《改革开放四十年的中国法学教育》,载《中国法律评论》2018年第3期。

同时兼任中国行为法学会理事、四川省政协法治委员会委员、成都市法学会副会长、四川省监察学会顾问等职。[①] 1986 年四川大学法律系拟依托周应德教授申报全国首个刑事侦查物证技术博士点，但由于历史原因没能申报成功。1992 年古稀之年的周应德教授于四川大学法学院荣休，经四川省委组织部特批享受地专级政治、生活待遇，1993 年获国务院有突出贡献政府特殊津贴（终生）。

古稀之年的周应德教授退而不休，一面研习国学，一面仍心系川大发展，关注中国法治事业，坚持利用自己的能力和影响力发光发热。周家世代耕读，他早在读私塾期间便饱读诗书，后来个人旨趣虽因革命需要而舍弃，但他对于诗书的爱好始终不变。直至离休后，周应德教授终得以寄情山水之间吟诗作对。他精通文律，尤擅行草书法，他所撰写的"薛涛像赞""薛涛墓表"和"亭记"成为成都望江楼公园的地标之一，书法作品《成都赋》被成都杜甫草堂博物馆收藏。98 岁的他仍在川大图书馆翻阅书籍，由此爆红网络，被称为"最拼教授"。

周应德教授波澜壮阔的一生始终与中国法治的发展密不可分，自 1939 年入党以来，周应德青年求学朝阳而后参加革命，中年任教西政开拓刑侦研究，晚年调任川大担纲法学重建，他是新中国成立七十年来法治建设的亲历者与见证者。周应德曾

---

① 江平：《20 世纪中国知名科学家学术成就概览·法学卷·第二分册》，科学出版社，2014 年版，第 400 页。

经用"只因时势忒飘飘，饥馁嗷嗷马萧萧；国病民贫烽烟急，书生意气挽狂潮"四句形容百年前的国家危难。新中国成立70周年时，97岁的周应德心潮澎湃，再作"何如俱平等，弃霸不称雄；互利而双赢，相将赴大同"四句见证中华民族伟大复兴。无论在革命或者和平年代，不论是教学还是科研岗位，凝聚在周应德同志身上的是一名拥有82年党龄的共产党员为人民服务的担当。如今"国病民贫"的局面一去不返，他所看到的和期盼的唯有法治文化事业繁荣昌盛。2012年9月周应德教授被中国法学会授予"全国杰出资深法学家"称号，期颐之年的周应德教授是法学界尊敬的刑侦学资深法学家，更是值得党和人民骄傲的"人民法学家"。

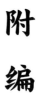

附
编

第九章　女子法政讲习科始末

一、时局与创立

20 世纪初民主革命轰轰烈烈地开展，民权意识亦随之萌发，一批具有新思想的女性开始形成参政议政的意识，意图打破数千年来男性主宰政治的格局。"是要撇脱贤妻良母主义的依赖性，靠自己一个人去做那惊天动地的事业，把身儿跳入政治界中，轰轰烈烈恢复旧主权，建设新政府，好叫那伯伦知理们，反对女权的一般陈死鬼，就冢中枯骨也要受些刺激。"[①] 1911 年 11 月，民国肇始，同盟会会员林宗素发起成立"女子参政同志会"，同志会《宣言书》宣布结社的宗旨是"普及女子之政治学识，养成女子之政治能力，期得国民完全参政权"，提出改良女子教育方法，建立参政研究所，聘请讲师补习政法，加入各种政治集会结社，呈请临时政府要求参政权，联络各国同志共为声援。1912 年南京临时政府成立不久，林宗素

---

① 苏英：《苏英在苏苏女校开学典礼会上的演说辞》，载《女子世界》1905 年第 12 期。

便于 1 月 5 日访问临时大总统孙中山，当面表达了女子要求参政的愿望，并请孙中山支持创办女子法政学校，孙中山表达了明确的支持。① 同时期，"神州女界共和协济社"发起人张昭汉联络伍廷芳夫人、张静江夫人等百余人也联名致函孙中山，提出"首当创办女子法政学校，为铸造女子政治学识之基础"②。孙中山收到女界协济社请愿书后，立即复书指出："天赋人权，男女本非悬殊，平等大公，心同此理"，"谋联合全国女界普及教育，研究法政，提倡实业，以协助国家进步。愿力宏大，考虑高远，深堪嘉尚。所请开办女子法政学校，应由该社员等呈明教育部核夺办理，并由本处拨助五千元为该社扩充公益之用"③。

1912 年 1 月 3 日，《民立报》刊发上海创设女子法政学堂的一条广告："他日共和致成，吾女子亦将得参政权，放光明于世界同胞人等。现创设此校，培养人才，以储他日议院之选。"④ 中国第一所女子法政学堂在上海创立，孙中山特批 5000 元作为开办经费。⑤ 在南京，潘素清等发起创办的金陵法政女学校也得到临时大总统孙中山及临时政府的大力支持，并

---

① 邱远猷、张希坡：《中华民国开国法制史：辛亥革命法律制度研究》，首都师范大学出版社，1997 年版，第 625−626 页。

② 《女界参政之要求》，载《民立报》1912 年 3 月 3 日。

③ 中国社科院近代史研究所：《孙中山全集》（第 3 卷），中华书局，1981 年版，第 117 页。

④ 《创设女子法政学堂招生广告》，载《民立报》1912 年 1 月 3 日。

⑤ 陈学恂：《中国近代教育大事记》，上海教育出版社，1981 年版，第 221 页。

拨给办学经费和校址。该校规模宏大，学生人数很多。民国初年，法政部创设了女子完全法政学堂，为妇女参政培养骨干。一时间朝野上下开始重视女子法政教育，通都大埠之间，女子法政学校相继成立，出现了兴办女子法政学校的热潮。当时，仅南京一地就有民国女子法政大学、女子法政专门学校、女子法律学校、女子监狱法政学校等。①

　　然而这股热潮并没有持续多久。1914 年，袁世凯政府教育部公然下令禁止各地私立女子法政学校办学。教育总长汤化龙大肆攻击和侮蔑民国初年的妇女参政运动和女子法政学堂。"民国以来，颇有一派人士倡导一种新说，主张开放女子之界限，其结果致使幽娴女子提倡种种议论，或主张男女同权，或倡导女子参政，遂至有女子法政学校之设立，虽属一风潮所驱，为过渡时代势所难免之现象。然以余观之，则实属可忧之事也。即如教育部此次禁止私立女子法政学校者，盖谓该学校在今日，不但毫无利益，而反有巨害。"② 在巨大的压力下，上海的女子法政学堂匆匆关闭，金陵法政女学校也没能坚持多久。

　　然而倒行逆施的袁世凯政府注定要被历史抛弃，在其倒台后，关心和支持女子法政教育的人士似乎看到了一丝光明。此

---

　　① 张玉玲：《清末民初女子职业教育述论》，吉林大学硕士学位论文，2004年，第23页。

　　② 陈学恂：《中国近代教育大事记》，上海教育出版社，1981年版，第257页。

时，女子法政教育正处于低谷中，根据民国十一年度（1922—1923 年）中华教育改进社的调查报告，当时全国法政学校的总人数是 10864 人，其中男生是 10851 人，女生仅为 13 人，只占总人数的 0.12％。① 这种情况让人忧心不已。1922 年，潘震亚与沈仪彬创办上海女子法政讲习所，"将培养女政治活动家作为创办女子法政学校的目的"②，在当时引起了不小的轰动。

上海女子法政学校的创立使各地的法政教育人士多少意识到女子法政人才培养之必要性。时任四川公立法政专门学校校长的杨伯谦，也开始考虑在川内开设女子法政讲习科。杨伯谦是美国密歇根大学的博士，思想开放，自 1919 年回国后开始担任四川公立法政专门学校的校长，并在任教期间积极推动妇女解放思潮的传播，在他的大力支持下，1923 年 3 月 20 日，四川公立法政专门学校呈请四川省长公署开办女子法政讲习科，并附草拟简章：

第一条　本科以灌输女子法政知识为宗旨

第二条　本科修业年限定为一年零六个月

第三条　凡年龄在二十以上之女子曾在中学毕业及学力与之同等者得报考本科

---

① 杜学元：《中国女子教育通史》，贵州教育出版社，1995 年版，第 468 页。

② 李学智：《民初法政学校论略》，载《天津师范大学学报》（社会科学版）2001 年第 2 期。

第四条　本科之学科及每周课程如左：

科目	第一学期	第二学期	第三学期
法学通论	六		
经济原论	六	六	
政治学大纲			六
宪法大纲	六	六	
行政法大意			六
民法概论	六	六	六
刑法概论	六	六	
商法概论			六
法院编制法		六	
诉讼法大意			六
统计学			六
国文	六		
公文程式		六	

第五条　本章程自省长公署批准公布之日施行

第六条　凡为本章程所不及载者概依本校通章及迭次
教育部办理

第七条　本章程有须修改时呈明省长公署即可修改[①]

---

① "本校女子法政讲习科简章"，四川公立法政专门学校档案，现藏于四川
大学档案馆。

在所呈报的简章中，已经提出了关于女子法政讲习科修业年限及课程的相关构想，为女子法学教育的探索做好了充分的准备。然而或因省长政务繁忙，或因时人态度保守，省长公署迟迟未有表示。于是，1923 年 6 月 9 日，四川公立法政专门学校再次函请政务厅酌夺开设女子讲习科，在公函中这样写道：

> 本校女子联合会代表等陈请，就校开设女子政法讲习科一班，以期养成女子政法知识，曾经就简章于三月二十二日呈请省长公署察夺在迄今未奉指令。该女子联合会代表等迭次来函敦促，本校以未经核准不敢擅专相应函请贵厅迅于酌以慰展望而利进行，实为公专请。
>
> 四川政务厅

1923 年 8 月 3 日，省长刘成勋以四川省长公署第 11817 号指令做出批示：

令公立法政专门学校

呈一件拟呈女子法政讲习科简章请予察夺一案由来呈请设女子法政讲习科，系为储备女子法政知识起见，用意尚无不合姑准试办，惟查法政讲习科早经明令停止。此次特为女生开班，只能作为该校附设，所有该科经费应即比照预科标准，每年以三千元计算，于开班后由省教育经费

收支处支给，又贵简章所令修业年限未免过短，肄业科目
应加伦理，须着即送照修改，另该校招收女子事属创举，
招生时须由本署派员会放，并须有三十名以上之及格学
生，始准开班。俾□慎重合并令知此令附件发还。[1]

可以看出，对于这样一项"创举"，官方持保守态度，不
仅明确只能将女子讲习班作为法政学校的附设，同时严格限制
了经费使用。三十人开班条件的设置既代表着政府的审慎，也
多少显现时人对女子法政教育的观望怀疑，可以说，女子政法
讲习科的设立过程并不是一帆风顺的。

在接到省长公署的明确回函后，四川公立法政专门学校对
招生简章进行了一定修改。首先，将简章第二条"修业年限"
由一年零六个月改为两年。其次，将原来的三学期增加为四学
期，并对课程种类以及每周课时进行了相应调整（见表9-1[2]）。

表9-1　课程种类及每周课时

科目	第一学期	第二学期	第三学期	第四学期
法学通论	十			
经济原论	六	六		

---

[1] "对呈请开办女子法政讲习科一文的批复（第11817号）"，四川公立法政
专门学校档案，现藏于四川大学档案馆。

[2] "四川公立学校附设女子法政讲习科简章"，四川公立法政专门学校档案，
现藏于四川大学档案馆。

科目	第一学期	第二学期	第三学期	第四学期
中史	六	六		
政治学大纲	六	六	六	
伦理学	六	六		
宪法大纲	六	六	六	
行政法大意			六	六
民法概论	六	六	六	六
刑法概论	六	六	六	
商法概论			六	六
法院编制法	六			
诉讼法大意			六	六
财政学			六	六
统计学				六
国文	六	六	六	
公文程式		六		六

修改后的课程表增加了财政学、伦理学等科目，并对上课时间和每门课的课时进行了较大变动。8月7日，校长杨伯谦就修改后的招生简章呈请省长公署察夺。在招生简章的修改期间，学校草拟了招生广告，其中列有报考资格、校址和考试时间。广告这样写：

第九章 女子法政讲习科始末

四川公立法政专门学校附设女子法政讲习科招生广告[1]

资格：中学毕业及有同等学力者

校址：少城西马棚街

阳历八月三十日截止，在五世同堂街本校档案处报名

考期：第一次八月二十日，第二次八月三十一日

杨伯谦批示"登报广告，以报国民"[2]。他指令将此广告两日内印好，然后登载在《国民公报》上，登报时间为半个月。前期工作准备合宜后，8月16日，四川公立法政专门学校呈请省长公署于8月20日派员监督指导第一次入学考试。8月18日省长公署以第12582号令派教育科科长尹先任出席，又于同日以12583号令同意了修改后的招生简章并将之备案。

在得到了官方的明确答复后，女子法政讲习科第一次入学考试如期举行，并于两天后（8月22日）张榜公布考取的学生姓名。蒲履端、甄隐等十八名女生金榜题名。9月3日公布了第二批二十一人的录取名单。至此，女子法政讲习科的设立终于迈出跨越式的一步。

9月17日，作为法政学校分校的女子法政讲习科举办了

---

① "女子法政讲习科招生广告"，四川公立法政专门学校档案，现藏于四川大学档案馆。

② "女子法政讲习科招生广告"，四川公立法政专门学校档案，现藏于四川大学档案馆。

开学典礼。由于此时各项基础建设尚未完工，只得暂借"四川女子实业讲习所教室行课"①。在经历了长达半年的筹备期后，这所历经波折的分校总算艰难成立了。

二、生源与教员

1923 年 9 月，第一批女子法政讲习科的学员入学。作为经历新文化运动的一批具有开放思想的新青年，在"女子从事法律甚少"的现状前，为"实现总理孙中山男女平等之大义"积极报名进行法律学习，可谓具有远见卓识。这一批学员共有 36 人，几乎全部来自川内，从侧面体现出民国法政教育突出地方性的特点。同时，她们都具有一定教育背景，只是年龄差异较大，最小的 19 岁，最大的已满 30 岁。表 9-2② 为学员年龄籍贯及教育背景的统计。

表 9-2　学员年龄籍贯及教育背景

姓名	年龄	籍贯	教育背景
胡蕴瑜	29	四川灌县	家塾修业
钟刘慧	23	四川隆昌	省立女子师范学校修业
江蜀翘	20	四川夹江	夹江县女学校修业
万郁文	30	四川泸县	蓉城女学校师范班修业

---

①　"敦聘民国十二年下期分校学监的文"，四川公立法政专门学校档案，现藏于四川大学档案馆。

②　"女子法政学科入学姓名籍贯表"，四川公立法政专门学校档案，现藏于四川大学档案馆。

续表9-2

姓名	年龄	籍贯	教育背景
王凛若	20	四川内江	蓉城女学校师范班修业
廖玉筠	30	四川富顺	女子师范学校毕业
罗牟蕴山	21	四川忠县	家塾修业
黄锦如	22	四川隆昌	隆昌女子师范毕业
薛粹然	25	四川峨眉	——
张质彬	21	四川富顺	富顺女子学校修业
杨唐淑	27	四川隆昌	隆昌女子师范学校毕业
李苑德	19	四川南川	南川县立师范学校毕业
吴寂生	20	四川成都	女子实业讲习所修业
刘叔泉	20	四川涪陵	家塾修业
廖常青	24	四川富顺	家塾修业
屈德光	21	四川泸县	家塾修业
张仲兰	20	四川合川	合川县立高小学校毕业
甘业芝	20	四川巴县①	第二女子师范学校修业
陈云蓉	19	四川合川	合川县立高小学校毕业
徐茨芬	20	四川成都	家塾修业
谢牟法玉	20	四川广汉	家塾修业
陈松筠	27	四川隆昌	家塾修业
王淑仪	19	四川达县	女子师范学校修业

---

① 今重庆市巴南区。

姓名	年龄	籍贯	教育背景
雷竹筠	30	四川成都	家塾修业
蒲履端	26	四川阆中	阆中县立女子师范学校毕业
罗文端	20	四川威远	威远县立女子师范学校毕业
谈倩西	20	四川什邡	第二女子师范学校修业三年
张佩珩	26	四川富顺	省立女子第一师范学校毕业
钟瑗	25	四川隆昌	家塾修业
鲁嗣音	20	四川邻水	第二女子师范学校毕业
宋竹筠	20	直隶枣强①	觉群女学校高小现毕业
刘韫才	19	四川涪陵	家塾修业
喻培厚	22	四川射洪	家塾修业
刘淑仪	22	四川古宋	会理县女子高小学校毕业
喻培清	23	四川射洪	家塾修业
高志锟	25	四川富顺	华法女学校毕业

这些学员中，年龄在 19～24 岁之间的有 25 人，25～30 岁之间的有 11 人。学员入学当年，即民国十二年（1923 年），校长杨伯谦仅 32 岁，法政专门学校的教员年龄也普遍偏低。② 这使得这所新兴的女子法政教育班显得朝气蓬勃。此时新女性独立意识的自我觉醒在川内已如星火燎原，学校深感扩招的必

---

① 今河北省衡水市枣强县。

② 参见里赞、刘昕杰：《四川法政学校——中国近代法学专门教育的地方实践（1906—1926）》表 7 "民国十二年四川公立法政专门学校教员年龄结构"，载《华东政法大学学报》2009 年第 1 期。

要性。故而随后公示"本分校续招女子法政讲习科新班学生，有志愿招考者自行向本分校稽查处报名，随即定期试验"①，以期让更多女性接受新式教育。

与此同时，讲习科还专门聘请一批教员进行女子法政教育。对比民国十二年四川公立法政专门学校职员录与女子讲习科教员名单，无一人重合。可见当时女子法政讲习科与男子所上的法政专门学校有一定区别。这一学期，学校敦聘杨级秋为分校学监，月工资为六十元。其他教员平均工资则为每月四十元。以国文教员曾圣瞻为例，其聘书中明确写有："敦聘曾圣瞻先生担任本校民国十二年度第一学期修改女子法政讲习科国文，月俸薪金肆拾元。"② 表9-3为第一学期各科教员的名单。

表9-3 第一学期各科教员名单

科目	教员姓名	科目	教员姓名
法学通论	罗伯翼	经济原论	牟炼先
外史	苗哲生	宪法	陈毓著
政治学	欧阳缉光	中史	祝屺□
伦理学	陈希虞	经济学	周得肤
法院编制法	杨蕴成	宪法	刘晦若
国文	曾圣瞻		

① "敦聘民国十二年下期分校学监的文"，四川公立法政专门学校档案，现藏于四川大学档案馆。

② "敦聘民国十二年下期修改女子法政讲习科国文教员的文"，四川公立法政专门学校档案，现藏于四川大学档案馆。

到了第二学期，也就是 1924 年，杨伯谦卸任，改由周敌凉担任法政专门学校校长。新校长并未对教员做出大规模调整，除个别改聘外，依旧沿用上学期的各科教员。同时将学监增加为三位，分别为杨级秋、范植安、杨育瀛。由于学校经费紧张，杨级秋同时担任分校音乐教员兼舍监，其每月工资依旧为六十元。与此同时，"聘余松生为男校社会政策讲师，女校社会政策讲师"①，第一次出现了男女校共用教员的情况。表9-4②为第二学期各科教员的名单。

表9-4　第二学期各科教员名单

科目	教员姓名	科目	教员姓名
民法	罗伯翼	经济原论	周得肤
民法	王润之	宪法	刘晦若
外史	杨缉五	中史	祝屺□
政治学	欧阳缉光	社会学	谢天民
伦理学	陈希虞	伦理学	傅子东
法院编制法	杨蕴成	伦理学	蒲声溢
国文	曾圣瞻	刑法	曾文渊
社会政策	余松生	庶务员	周德馨
外史	苗哲生		

---

①　"敦聘民国十三年上期分校各科教员的文"，四川公立法政专门学校档案，现藏于四川大学档案馆。
②　"敦聘民国十三年上期分校各科教员的文"，四川公立法政专门学校档案，现藏于四川大学档案馆。

由于新校长对于女子讲习科学习内容的重视，一些科目聘请了不止一位教员。随着课程的丰富，教学工作按部就班地展开，女子法政科的学习逐渐步入正轨。这一大胆尝试，也逐渐被各地政法界人士关注。之后的首都女子法政讲习所的设立，或多或少受到了四川女子法政讲习科的影响。

三、资金与学制

然而，任何一种初生事物的发展都可能遇到重重阻力。这一探索性教育在实行过程中，也遇到了一些问题，这也显示了女子法政讲习科的不成熟与其发展的艰难。经费紧张、学制几经改易，成为女子法政讲习科发展的突出阻碍。

早于 1923 年女子讲习科筹备之时，省长公署第 11817 号回函就明确指出该科经费应比照预科每年三千元的标准，由教育经费收支处拨付。但经过财政预算，仅女子法政讲习科设立所需的开办费就高达"五万壹拾捌元壹角"。[①] 经费开支主要集中于校舍建设、物品采买。光是购买课桌一项就花费"三万肆拾柒元"[②]，这一数字显然远远超过预期。为此，校长杨伯谦只得再次向省长公署上书请求添招女生常年费及开办费。直至 9 月 21 日，省长公署才以第 15078 号令同意"增加经费三

---

①　"女子法政讲习科开办费预算表"，四川公立法政专门学校档案，现藏于四川大学档案馆。

②　"女子法政讲习科开办费预算表"，四川公立法政专门学校档案，现藏于四川大学档案馆。

千元，连同原领经费按月拨支"。① 每年六千元的经费相比于动辄上万元的开销无异于杯水车薪，学校只能通过收取学费的方式试图改变入不敷出的境况。校长杨伯谦因此批示："每学期各缴学费十元，讲义费三元。"② 这一费用与同时期法政专门学校男学员的学费基本持平。等到了第二学期开学时，学校即通知："本学期除了学费十元、讲义费三元外，教职工以外的人都要另交住宿费一元。"③ 1924 年 6 月又再次通知增加学费三元。7 月，学校专门发文，要求对欠缴学费的女生进行追缴，资金短缺的情况由此可见一斑。

此外，学生杨唐淑、高志锟品学兼优但家庭贫困，申请贷费，但四川省长公署第 7399 号令以与"贷费规程第四条丙项不符"④ 为由不予批准。对于学生申请贷费的重重阻拦显示出省府的消极态度。"要钱难"成为阻碍女子法政讲习科快速发展的重要原因。

女子讲习科的成立较为仓促，许多问题难免思虑不周，学制长短从一年零六个月至两年几经改变，女子讲习科名称、性质也难以确定。

---

① "对呈请添招女生常年费及开办费一文的批复（第 15078 号）"，四川公立法政专门学校档案，现藏于四川大学档案馆。

② "敦聘民国十二年下期分校学监的文"，四川公立法政专门学校档案，现藏于四川大学档案馆。

③ "分校开学行礼及请教职员的文"，四川公立法政专门学校档案，现藏于四川大学档案馆。

④ "转呈女生杨唐淑、高志锟是否准予贷费的文的批复（第 7399 号）"，四川公立法政专门学校档案，现藏于四川大学档案馆。

第九章　女子法政讲习科始末

公立法政专门学校曾于 1923 年 12 月 3 日呈省署请改女子讲习科为别科。但这一改易名称的要求遭到了拒绝。省长公署第 1662 号令写道："呈悉查该校附设女子法政讲习科开班已逾半载，现在变更名称年限□多质疑且与该校呈请试办原案不符，应即仍照旧办理。"[①] 法政专门学校只得向学生牌示不改易女子法政讲习科名称。

与此同时，李苑德、罗文端等二十六名学生联名上书请求学校延长学时，书请言辞恳切，同学们对于知识的渴望与报国救民的情怀溢于纸间：

> 呈为呈请改科以应学生需要事
>
> 窃吾国女子向于政法知识异常缺乏，吾川应世界之潮流，因时势之变化，创设女子法政讲习科，期以二年毕业，学生等不胜欣幸。然时期过促，恐所学有限不能致用，故学生等要求改为别科三年毕业，请述其理由如次：国家设立学校原期造就通才，两年时间过短，所学能有几何？此应改者一也。学生入校求学，原以学成致用为主，欲达圆满之目的，非增加年限不为功，此应改者二也。讲习科改为别科所增费用有限，而造就人才之利益应为无量，此应改者三也。具以上种种理由，故生等敢于仰求更改。若蒙

---

① "对请改女子讲习科为别科文的批复（第 1662 号）"，四川公立法政专门学校档案，现藏于四川大学档案馆。

俯允，感佩靡涯。

此呈。①

上书半年后，即 1924 年 6 月，学校决定比照男子预科一年，本科三年的学制，将两学期成绩作为预科毕业试验，及格者升入本科。② 这一变化使得女子法政讲习科摆脱了因同时期专门学校要求低、学时短而造成教育质量下降的缺点，逐渐具有现代大学学制规范、课程设置得宜的特点。学制的反复变更在某种程度上说明时人对创设女子法政讲习科这一新兴教育形式的忐忑。女子法学教育的实践形式在不断探索中逐渐发展。

1924 年 9 月 1 日，分校牌示招收新一批的学生，要求"具有中学师范毕业或同等资格的女生自带笔墨"于 9 月 8 日前去考试，入学标准与一年前几近相同。9 月 10 日即榜示正取及备取考生名单。

与此同时，分校也给喻培清、刘淑仪、王凛若等同学发放了证明其能如期毕业的文书。

四川公立法政专门学校

为发给证明书，事查本校附设女子法政讲习科学生王

---

① "请求延长学时、更换科目的呈文"，四川公立法政专门学校档案，现藏于四川大学档案馆。

② "呈请修订女生学年的文"，四川公立法政专门学校档案，现藏于四川大学档案馆。

凛若，民国十四年上学期在本校肄业期满，毕业试验及格，合亟给予毕业证明书以资考证此证。[1]

随着 1925 年上学期第一批学生的毕业和下一届女生的入学就读，女子法政讲习科薪火相传，女性法学教育在四川地方性实践取得了初步的成功。值得一提的是，在这期毕业的学生中，喻培厚成为民国时期成都著名的女律师，并如愿进入四川省参议院，实现了当初参政议政的梦想。后来，更与著名学者周太玄喜结连理，积极支持女权运动。女子法政讲习科的创立理念得以继续传扬。

在近代女性积极追求受教育权、参政议政权等女性权利的强烈要求下，女子法政教育应运而生，四川公立法政专门学校女子法政讲习科得以艰难创立。在经历资金短缺、学制改易等困难时，女子法政讲习科积极面对，并通过提升教员素质、增加课程设置等合理措施，培养出一批具有专业法学素质的女性。女子法政教育的开展使得饱受封建伦理束缚的女性开始走向社会舞台。作为近代高等法学教育的地方实践，四川公立法政专门学校女子法政讲习科与当时诸多女子法政学校一起，为男女平等、女性参政议政观念的普及，做出了不朽贡献。

---

[1] "发给分校毕业生喻培清等证明书的文"，四川公立法政专门学校档案，现藏于四川大学档案馆。

第十章 《法学月报》总目及论文选摘

　　国立四川大学法律学会自 1942 年始发行出版《法学月报》，由四川大学法学院教授朱显祯、裘千昌、胡元义、余群宗先后任主编。持续出版了一年，共四期。本书特选校《法学月报》的四期总目及法学教育论文两篇，以咨纪念。

《法学月报》四期总目

《法学月报》1942 年创刊号

中华民国三十一年十一月三十日出版

1. 朱显祯：《发刊词》，三十一年十一月十二日脱稿于峨眉国立四川大学

2. 裘千昌：《民法上之定金》

3. 宋维经：《对于四川施行土地法之我见》

4. 吴星海：《婚姻之无效与撤销（一）》

5. 余淮清：《从继承的顺序和分配谈到女子继承》

6. 龙显铭：《盗赃及遗失物之回复》

7. 何守仁：《论司法官之修持》

8. 孙家亮：《不动产租赁之诉讼程序》

9. 龙显铭：《判决既判力之客观范围》

《法学月报》第一卷第二期

中华民国三十一年十二月三十一日出版

1. 余群宗：《建国论——三民主义的法制观》

2. 朱显祯：《改进我国教育法律之私见》

3. 吴赓虞：《房屋租赁问题之法律研究》

4. 吴星海：《婚姻之无效与撤销（二）》

5. 龙显铭：《无权代理人之行为于其人继承本人后之效力》

6. 裘千昌：《关于定金判例之评释》

7. 龙显铭：《姓名诈称与判决之效力》

8. 孙家亮：《治外法权与临时裁判权》

《法学月报》第一卷第三期

中华民国三十二年四月三十日出版

1. 胡元义：《将来债权之担保之研究》

2. 裘千昌：《非常时期民事诉讼补充条例第二十条第二项规定之根据及其适用》

3. 罗世齐：《纳粹之法律概念》

4. 林诚毅：《所希望于政府改进法律教育的几点》

5. 王镇远：《法治与党治》

6. 龙显铭：《确定经界之诉》

7. 龙显铭：《不服亲属会议决议之诉》

《法学月报》第一卷第四期

中华民国三十二年五月三十日出版

1. 刘仰之：《刑事立法与产业资本主义》

2. 胡善柄：《从国家总动员法透视人民权利与义务》

3. 龙显铭：《关于不动产附合》

4. 龙显铭：《民事诉讼法第四〇一条第四款评述》

5. 雉本朗造述、攻坚译：《法学指针》

6. 裘千昌：《法律之苦味》

7. 裘千昌：《介绍林助教改进法律教育一文》

朱显祯：《改进我国教育法律之私见》①

中国自来是以礼教治国的，所以法律教育极不发达的，甚至于可以说没有法律教育。中国之有近代式的法律教育，应自清末设立京师法政学堂始。当时的师资，多半是日本学者，所用的教材，多半是日本的法律，而当时的学生，又多半是脑筋已经相当僵化了的秀才廪生。这期的法律教育，虽然没有多大的成功，但是现在中国司法界的干部人才，多半是这个时期训练出来的人物。民国成立以后，一般国民欲变法以图自强的心理，非常浓厚，中央及各省地方之官私立法政学校，如雨后春笋，蓬蓬勃勃，风起云涌，竞相设立，而当时之一般学子，亦趋之若鹜，多以此为飞黄腾达升官发财之捷径。惟当时之师资，不是京师法政学堂出身的，就是日本速成法政毕业回来的，根本他们自己对于法律学，也没有深刻的研究与理解，而当时的学生又多未经过良好的科学训练，所以这一期之法律教育，可说是完全失败，毫无成绩可言，不过粗制滥造了一大批毫无法律常识之法律人才而已。国民政府奠都南京，五院成立之后，立法院汲汲于全国法制之完成，各种根本法典，以及重要法规，陆续公布施行。因之，各公私立法律学校既有自己之法律作为研究教授之对象，而十余年来各校训练之师资，其中不无卓有成绩之人，故在此时期所训练之法律人才，却有相当

---

① 载于《法学月报》第一卷第二期，第15—22页。

之成就。惟因政府鉴于民初至民国十六年间之粗制滥造，故对于各校法律生之招收限制甚严，因而在本期造就之法律人才，虽觉良好，却比较少数。

抗战五年的中国，在军事上虽有优越的进步，辉煌的战果，在政治方面，无论交通也好，经济也好，财政也好，民政也好，实在没有令人满意的成绩表现。像这样的政治，欲于战胜之后，与英美诸列强并驾齐驱，共策世界永久的和平，未免有些自惭形秽吧！我常常觉得一个近代式的国家，就像一个庞大而复杂的机器一样，一个庞大而负责的机器，要发挥它的固有的性能，必须各部分的装备丝丝入扣，毫无缝隙，而活动起来，必须各部分都健全无阻，不会多一点力量，也不会少一点力量，然后这付庞大而复杂的机器才会发挥它的效率。不然的话，这付机器，一定不会动起来，就是动起来，如果没有依照它原定的规律运动，不仅毫无效果，有时或反会发生更大的危险啊！近代式的国家，还不是这样吗，它各部分的组织，必须互相配合，它各部分的活动，必须依照一定之规定，这就是说，整个的国家的各部分各机关的一举一动，一定要依一定的法规的，不然，你动我不动，或者你从这边动，我从那边动，这样一来，国家的秩序发生紊乱，政治上绝不会有成绩的。所以近代式的国家，愈是组织严密，愈是活动扩大，愈是非依照一定的规定不可，这就是法治国家的根本道理。

此次世界大战后，中国欲与英美苏诸强并立于世界，必须成为一个近代式的国家，必须成为一个法治主义的国家，这是必然的不可避免的趋势。一个法治国家的公务人员，除了最高级的决定国家政策的官吏外，其余中央各部院的科长科员以及地方政府的各厅的科长科员等，都是依照国家政令执行职业的人员，最好有些法律常识的，如对于行政法、民法、刑法有相当了解的人来担任，方不致南辕北辙。而国家之政纲、政策、行政效率，方可以照原定计划施行无碍。如果再像现在的公务员一样，毫无法律常识，毫无法治精神，这个人来发挥他自己的个性，自由自在的弄一阵，那个人来自作聪明地乱想些办法，强制施行，把国家的法规，完全置诸度外，那么中国即使抗战胜利，而前途实在也暗淡得很的。

照前面所述的情形，我的意思，应该赶快提倡法律教育，普及法律教育。这一次教育部和司法行政部之饬令国立中央大学等九校院于三十一年度另招司法组一班，其用意之所在，不仅为司法官之缺乏，而亦实有普及法律教育提倡法律教育之远谋也。鄙人为表示赞助之意，特贡献刍荛如左：

一、应令全国各大学之法律学院无法律系者，均设立法律系

我觉得现在还有一部分的官私立大学之法学院，有政治学系，有经济学系，甚至有社会学系，而竟无法律学系者，这是一个莫大的缺陷。因为法学院的政治、经济、社会各系毕业的学生，大概都是将来国家的官吏，国家的公务人员。近代的法治国家，这种官吏，这种公务人员，至少限度，都非懂得行政法、民法及刑法不可。不然，绝不配为近代法治国家之官吏或公务员。各官私立之大学之法学院未设法律系者，大都对于这种课程之设备，无相当师资，因而付诸阙如。故为求今后法学院学生法律知识之普及起见，除政经各系应将行政法、民法、刑法定为必修科外，应增设法律系。一而以便利各系师资之需要，一而以广储专门法律人才。

二、法律师资之培养

法律师资，实在难得。因为法律这门功课，不像其他功课，如数学、物理、化学等一样，只要在外国学得好的留学生，回国之后，就可以教得好。因为这些功课，世界无论哪一国都是一样的，而法律则不然。中国的法律与其他各国不同。所以把外国学来的直接拿来教学生，不仅学生听得莫名其妙，而且也是毫无用处。而法律教育，又是中国历来没有的，这教育之方法，又非借鉴外国，师承外国不可。因此，外国留学回来的法律学者，要为各大学之法律教授，至少对于本国之法律，非有一般之研究和认识不可。而在讲坛上要教得有声有色，不仅对于法律学有着深刻的研究，独到的见解，而且要对于中国之判例、解释例有充分之了解与举示。不然，法律条文既极抽象，空口说白话，学生终究是有些隔靴搔痒、捕风捉影之感。现在各公私立大学对于法律教授之聘请，极感困难，在外国留学回来的，对于学理虽然较有心得，而对于中国之判解例又不大熟，对于判解例熟悉而又有实际经验的人，每多疏于学理，不能为充分之阐发，都很难得学生之崇敬，而收充分教学之效力也。我以为在现在情势之下，对于法律教育之师资，应切实加以培养，只要于法学有相当造就而于法律教育有兴趣的，无妨使他有研究进修之机会（如为中华法学研究会之研究员），渐渐使他教一门或两门功课。至于现有的各大学之法律教授，如继续任教五年以上者，应由政府派到外国考察法律教育，研究外国法制，借收教学相长，养成优越之教师与卓异之法律学家。

三、法学杂志及法学专门著述之奖励

说起来实在感到寂寞，偌大中国领土之内，试举眼一看，找不到一本法学定期刊物，原来中华民国法学会所主办的《中华法学杂志》，我们满以为可以长命富贵，然而从前年起，也停刊了，真是令人可惜，令人有些失望！至各种法律之专门著述及特殊研究的作品，你只要到现在中国的几个大书店里，如商务、中华、中正、开明、北新等去一看，就可以知道是如何的贫乏。所以，我的意思，中央及地方当局，对于此类刊物著述，应当极力加以爱护与奖助，尤其是教育部与司法当局，更应当有一奖励的办法，不然，中国的法律教育，决不会好转的，法律智识，决不会普及的。

四、中华法学研究会之创立

这个学会应由司法行政部与教育部共同设立，以司法行政部为主管机关。其会员应由现在各公私立大学之法律教授及各省高等法院院长、最高法院推事等组织之。目的一方面在求法律制度之改进，一方面在求法律教育之推行。为使达到上述的两个目的，每年应开会员全体大会一次，以便共同研究，共同

讨论，集思广益，交换意见。并由会主办一法学刊物（如前述司法行政部主办之《中华法学杂志》），以为各种讨论，各种意见，各种专门著述之定期发表机关。至于其他各种法学杂志及著述之奖励，以及师资之养成，均可由此会组织一委员会主持之。这样一来，不仅对于中国法律制度及法律教育之改进推行有着极大之成效，即对于"中华法系"之确立，亦必有特殊的贡献。

五、法律应如何教授，即法律教育之方法应如何改进

现今全世界法律教育之方法约分为两派：英美法学派的教学方法，即 Case method 的教学方法；大陆法学派的教学方法，即所谓讲义式的教学方法。前者将某一课程之内容，如契约法、侵权行为法等，预先选出许多主要的案件，教授指定学生依次研究、讨论、演习，然后由教授指正说明。后者则将某一课程之内容，由教授以分析综合之方法编成有理论体系之讲义，在课堂上用口头讲解，学生在课堂上笔记。我们中国的法律，既是采取大陆法派的成文主义，不是英美法派的判例法主义，在法律教育之方法上，自以采用大陆法派之教学方法为妥当。其实这两种方法，可以并用。据本人十五年来教学的经验，一方面将课程编成一有理论体系之讲义，再于讲坛上口头讲解之际，于中外学说理论之引用说明外，即刻嵌以中国最高法院及司法院之判解例（外国之判例，有时为说明起见，亦无妨引用，不过应以中国之判解例为主），以理论为经，以判解例为纬，理论与实际，因此发生交流，发生接触，以免理论自

理论，实际自实际，互相隔膜，毫无关联，使学生对于抽象的法律条文之理解，捉摸不定，惝恍迷离也。本人用此方法教授学生，极有效果。希望全国同仁，能共同采用，则不仅法律学徒之幸，抑且中国法律教育前途之幸也。

六、判例解释之研究批评

这个工作，我觉得极为重要。为使中国之法律，有正当之解释，有正当之适用，此项工作，实不可少。为使中国法律教育，对于中国之判决例，能有充分之说明，充分之以引用，此项工作，也绝不可少。为使各级法院法官，有进修之精神，免得固步自封，老不长进，此项工作，更绝不可少。我觉得每一个大学之法律系都应该成立一判解研究批评会，由该系全体教授每星期集合开会一次，每学期和每学年，应有一研究批评报告，公诸世人。惟此项工作之进行，我们须要求现在的司法院、最高法院及各省之高等两院，每月应将其解释例及判例，编制成册，送与全国各公私立大学法律系，作为研究批判之资料。这判解例之编集与发送，非由司法院转饬最高法院及各省之高等法院办理不为功，个人交涉或由学校法律系向法院要求，据我的经验，那是绝对办不到的。因为现在的法院，他们觉得把他们的判决拿到学校来研究批评，是有损他们的权威的。其实他们不知道不正当的判决，我们虽然批评指正，但对于正当的判决，我们则极力称许，极力拥护。对于他们的权威，不反有增进么！况且判解例之研究，外国行之已久，对于法院之权威，固未尝损及丝毫也！

七、司法组必修选修科目表之合理

此次教育部与司法行政部所订之全国各公私立大学法律学系司法组之必修选修科目表，科目之设置，学分之多少，选习之先后，概为合理，本人甚表赞同。惟百尺竿头更进一步，为吹毛求疵的话，则土地法应改为三年级的必修科，国际公法应增列为二三年级的选修科，中国司法组织与中国司法问题应合并为一科，定为二年级必修，二学分。外国法应自第二年级起第四年级止，将外国的民、刑法为有程序之教授，学生应选习一门外国法。法律思想史、西洋法制史，应增列为三四年级选修。更有进者，教育部二十七年九月所订颁之法学院共同必修科目表及二十八年八月颁行之法学院分系必修选修科目表，对于法律学系之施行，极感不便。例如民法一科，民法总则应自第一学年起，而后第二学年才可设置债编总论、物权，第三学年才可设置债权分论、亲属、继承等，苟因第一年级共同必修科之关系，民法总则不能开始，以至其他各部门均非延迟一年不可。这样一来，民诉、刑诉，都要留在四年级开设，而诉讼实习，直无设置之机会（因为照理，学生选读诉讼实习，应先以诉讼法为准备智识，而选学诉讼法，又先以实体法为准备智识，不然，事倍功半，学生苦于了解）。像现在的司法组必修选修科目表，各门功课，可以为合理的安排，到了四年级，大家都把根本重要法律学好，只学习一些特别法，一面有由浅入深、由普通而特殊的好处，他面使四年级学生可以回溯吟味各种根本法律之机会。故个人很希望自来年起，凡官私立各大学之法律系，无论其为法律系、司法组，一律适用此次新颁之司法组必修选修科目表，以为调试之计。

八、民众法律顾问处之设立与假法庭之随时举办

全国各学校之法律学系，应设立民众法律顾问处，派一助教专司其事，一面为民众解答法律疑问，借以普及法律教育，一面收集社会上之新鲜事实，作为四年级学生解答法律问题之练习或作假法庭之审判实习案件。我个人觉得此种学校民众法律顾问处之组织与指导，如果得当，则人民一般之信仰，亦必因之深厚，于不知不觉中为人民减少许多无谓之争执，为法院减少了许多诉讼之麻烦。至学生实习案件，能以假法庭之形式，继续为一审二审三审之判决更好，指导实习之教授，最好第一审不作任何之批评，由学生完全自己办理，到第二审三审时，教授可以指正其错误及不合法之地方。这样一来，使学生于本学期中，一即可得到练习书记官、法官、律师等职务之机会，而于适用法律、解释法律、撰拟状子，制作判决与裁定，均有相当之心得，一方面可免闭门造车之讥，他方面可引起学生研究法律无限之兴趣。

九、法律教育之目的

法律教育之目的，在养成有正义感、有正义意识之人才。何谓正义？我个人的意思，就是指社会的公平观念而言。也许有人以为法律教育之目的，在养成专门的司法人才、法律学者、律师、行政官吏等。不错，这些当然是我们法律教育之目的，不过我对于这些人，除了使他们得到法律的专门知识之

外，还要使他对于自己人格，有更深的陶冶，即是对于社会的公平、正义的意识，有更深切的理解与把握。一个学法律的人，如果他只学到一些法律上的技术，而对于正义公平，无相当的理解与把握，则常会把法律拿来歪曲解释，或不正当的运用的。所以英国有句俗语："宁愿与律师作朋友，不愿与律师作邻人。"为达到法律教育正当的目的，法律教授自非有人格者不能胜任愉快，此也是法律教授困难之一。

以上九端，为本人对于改进我国法律教育之私见。为使今后中国法律教育之发扬光大，为使今后中国法律智识之普及，为使今后中国成为近代式的国家、法治主义之昌明。不揣鄙陋，敢献一得之愚，希望全国贤哲之士，不吝指正。

民国三十一年十二月写于峨眉川大

林诚毅：《希望于政府改进法律教育的几点》①

一、序言

方今建国伊始，百废待兴，而尤应以改进法律教育，培植法律人才，为当前第一要务。无论在那一个时代，那一个国家，要推行一种政策，实现一种主义，没有不借重法的形式来表彰，法的力量来完成，我们要实现三民主义，完成最高国策，自也不能例外，但是没有运用法律的人，则所谓法律，不过是纸上空文，所谓法治，不过是口头标语，纵或有运用的人而运用不善，弊病百出，尽管是法良意美，而人民尤以为是苛政严刑，当今政府有见及此，乃提倡法律教育，不遗余力，这自是树立百年大计的根基，然而溯自民元以来，亦会提倡法律教育，民初之季，法政学堂，各省林立，不可谓不多，学法律的人，不可谓不盛，然而当时学生的观念，只要混得一个资格，便可青云直上，政府亦以此为用人的标准，深信不疑。于教学的计划和内容。丝毫没有打算，其结果庸材多而人才少，无论实行什么完美的法制，总是弊病百出，怨声载道，直到今天，尚不能脱去这个弊病。所以提倡法律教育是一件事，而何如追溯到法律教育的目的又是一件事。抗战以来，政府力图改进，已能双方兼顾，但是应该斟酌的地方还是不少。兹就管见所及，分述于后，以供政府之参考。

---

① 载于《法学月报》第一卷第三期，第31—36页。

二、对于学制的商榷

大学教育制度，往昔是预二本四，政府施行新学制以后，把预科的两年，划入中学等校的范围，界限分明，自是优于旧制，不过大学一年级不分系，是否合理？尚有讨论的余地。本来这个问题，久为教育家争论之点，平情而论，法律系的课程，依次分配在四个学年，学生已经是感觉吃力，如果一年级完全是学普通科学，把专门的课程排挤到后三年级，当然是难于应付，而实际上，这些普通科学，十之八九，都是中等学校的课程，而是学生受中等教育的时候所应该具有相当基础的，进大学又来重复一遍，不特学生感觉乏味，而且缩短了他们学习专门知识的时间。

若是认为学生的程度不够。在大学一年级设些普通课程。以资补救而为权宜之计，那无宁是承认中等教育有缺点，就应该设法调查，现在把学习专门知识的时间拿来补救中等教育的缺点，纵令略能收效，也是得不偿失。况且要求新制的实行，臻于尽善就应该彻底，现在从一年级不分系的情形看来，与旧制的预科相同，而实际上又是施行新制，这种不彻底的制度，实在难令人赞同。

我以为大学一年级不但应该分系，而且凡是中学的课程，都应尽量避免，才不致减少学生学习专门知识的时间，这个问题在下面检讨课程的项目中，还要详细讨论。

三、关于法律系课程的检讨

甲、法律系的课程

大学各系课程之庞杂，莫甚于法律系，而尤以一年级为最，重复的课程也有，不必要的课程也有，颠倒必修与选修的课程也有，甚至于中等学校同性质的课程也有，教的人无任麻烦，学的人难于应付，这都是由于大学一年级不分系以及课程标准没有经过详细考虑之所致，现在把这些课程分别讨论如下：

一、民法概要　法律系一年级除了民法概要一科以外，简直没有开设关于法律方面的课程，而这门功课开在法律系又是否必要？既是在二三四年级开设民法各部门的专科，那末在一年级就没有开民法概要的必要。若谓学民法以前，必先知其全部的梗概，然则刑法商法又何以不设概要？况且法律的基础概念，大都可以求之于民法总则，我认为在一年级开设民法总则这门课程，最是合理。至于民法概要这门课程，设在外系，尚还说得过去，对于本系，简直是不必要而且重复一门课程。

二、中国通史、西洋通史　学法律的人固然不能不读历史，不过这两门功课是学生受中等教育的时候所应该且有相当根底的，初中也修，高中也修，进大学又来重复一遍而且定为必修科，当然是不合理，况且法律系对于史的方面，自有其专门的课程，如中国法制史、罗马法之类，教育部的课程标准反而把这些课程编入选修科目，真是重其所轻而轻其所重。

三、自然科学　这门课程包括天文、地质、数学、理化、生物等科，在中等学校是很重要的课程，应该具备有相当的基本知识，假如在中学的长期学程尚不能具备相当的根底，而利用大学一年级短短的时间来补救，无论如何努力，当然是徒劳无功。

　　四、外国语　在大学一二年级的必修外国语是英文，学法律与英文的关系不能说是没有，但远不如第二外国语的重要。中国现行法，大都是继受德国法系而来，如果要求运用法律的敏活正确与夫解决法律上解释上的种种困难问题，一方面固然要洞悉现实社会，他方面在法文上决不是望文生义所能奏功，必穷其原理，究其成因，前者为法律哲学的任务，后者为沿革法学的课题，这都是要求之于外国典籍，是非精通德文或德法系国家的文字和法法系国家的文字莫辨。能研究英文的典籍固然可以得到若干帮助，不过这种能力是中等学校应该具备的，在法律系的课程中充其量也只可定为选科，现在反把第二外国语定位选科，轻重倒悬，当然不是合理的办法。要是以四年的工夫必修第二外国语，或者定为两年而在高中即注要这门课程，那末工具已备庶几可以谈深造。

　　乙、司法组的课程

　　最近教育部令饬全国国立各大学凡是设有法律系的都附设司法组，其目的在注重司法实务养成司法人才，这种设置，是否必要，我想在下节讨论，这里所要研究的是课程问题。司法组课程标准，除了外国语一科没有改进外，其余例如删去中外通史自然科学概论民法概要等科，而在一年级列入若干法律专门的课程，另外再添设些新的法律科目，这都是比法系的课程标准进步，不过应该斟酌的地方很多，兹分别讨论如次：

一、法学绪论 从部分课程标准的细目中，可以知道这门课程的内容，一部分是法律哲学的纲领，一部分是沿革法学的部门，而法律哲学和沿革法学是法律学当中比较困难的部门，必定具有相当的法学基础，才可以问津，一年级开这门课程，是在学生尚未入法学之门而实责其登堂入室，自然是劳而无功，况且在三四年级既已有专门的课程如法理学中国法制史罗马法等科，那末在这里重复一下实在是不必要。

二、比较法学绪论 在三年级开这门课的用意，我想大概是使学生在没有学比较法之先，得一个整个的基础概念，这个理由，是不正确的，因为全部法律的基础概念，大都可以求之总则，已经在前面说过，既是在各年级开有各部门的总则总论，当然不必另外再来一个什么绪论绪目之类，况且在一部比较正确的民法总则刑法总则等教科书，内容方面，没有不罗列各国法例和立法主义，阐述无遗，书名尽管是中国民法总论、刑法总论之类，实际上其内容恐怕比较笼统的绪论来得详细。同时，既是在三四年级开有欧洲近代大陆法又是比较民法比较刑法，已经嫌其重复，将于下段说明，在这里更重复一下，实在是不必要。

三、近代欧洲大陆法，比较民法，比较刑法 开设近代欧洲大陆法这门课程，使学生在习完大部分的法律课程以后，进而研究欧洲大陆法系诸国的法律系统，立法上的技术和主义，一方面可以启发学生的研究兴趣，增加研究的资料，而同时可以把我们自己的全部法律作一个系统的比较的回味，获益最大，司法组开设这课程，采取的是最进步的课程标准，可惜定为选修，未免减色。这门课程的内容，其最占篇幅的当然是民法刑法上的材料，毫无疑义，既然开了这门课程，就可以不必再开比较民法比较刑法，以免重复。若谓近代欧洲大陆法的内容没有涉及英美法系的法律，那么尽可拿英美法这门课程来补充，自无不妥。

四、中国司法问题与比较司法制度　在法律系原开有法院组织法这门课程，在一部比较正确的教本或讲义，其内容应该包含中国过去和现在的司法制度与司法问题并比较世界各国司法制度，考其渊源，评其得失，以为学生研究之标准。司法组课程标准，把这门课程分成两部，表面上似乎比较专门而周密，实际上这门课程是不能分开研究的。中国目前的司法制度，是仿自西欧，历史甚短人才缺乏，成问题的地方自然很多。但是如果不比较各国的制度，不能看出问题的重心；不考察各国的国情，不能得解决问题的途径。所以我认为这两部分仍然是合为一门讲授获益较大。

五、民事诉讼实务，刑事诉讼实务，检察实务　总理主张"行易知难"的学说，证之学习法律，我认为是一个最恰当的例子。法律的学问，浩如烟海，有时研究一个小小的问题，穷毕生之力而不能得其结果者，在所多有，真是所谓"知之惟艰"。如果对于全部法律，具有相当的基础，实行起来，无论是作法官或是与法律有关的事件，一定能够应付裕如，胜任愉快，至于行的经验，只要有短短的实习期间，便能完全解决，毫无困难。试看现在很多的法官，不是缺乏"行"的经验，而是缺乏"知"的基础，他们都是运用法律不善，很少是在各种公文程式上或其他行的方面感觉困艰。法律系本来开有诉讼实习这门课程，民事刑事及检察等实务，都包括在内，高考及格以后，政府为慎重起见，又分发在法院实习半年，为期不可谓不长，学经验的机会不可谓不多，现在司法组课程标准，以为未足，把一门诉讼实习，分成几门课程，证之上述理论，不无商榷的必要。

四、开设司法组是否必要

凡是施行一种新的计划，必定具有新的目的，现在教育部通饬全国各大学添设司法组，这种计划的目的何在？性质上与法律系有何区别？这是应该讨论的。从课程方面言，司法组课程标准除了在一年级删去几门普通学科开添几门课程如民法总则宪法法学绪目等科又在后三年级新开几门课程并取消国际公法一科而外，与现在法律系的课程并无不同，而且在这些添开和新开的课程中，除一二科是略有意义而外，其余的只是排课上稍有进步，名称上略有不同，在内容方面和法律系的课程比较，不过是换汤不换药。如果认为法律系的宗旨是在理论方面的探讨，司法组的目的是注重实际的应用而养成司法人才，然则法律系何尝不是在培植司法人才？况且想要求应用之善，没有不精于理论的研究，无论在那一方面都是如此，尤其在法律方面为然。若谓目前政府需才孔急，多设一司法组以广招来，然则教育部早有不限制法律系招生名额之令在，何必多此一举？何况近年各大学法律系招生，从来没有如量收足？若以为法律系的教学方面有缺点，不能养成健全的司法人才，我们并不否认法律系的各方面都有改进的必要，所不解者，何以不集中力量来调整法律系。而另设一个与法律系同目的同性质的司法组？这种徒劳无功的计划，实无目的之可言。

五、法律研究所的开设

在法律上解释上的困难问题，是随着社会的进步而增加，这些困难的问题，决不是普通的法官所能为力，更不是一朝一夕所能奏功，必有待于穷年累月埋头研究的学者来解决。无论在海洋法系或大陆法系的先进国家，对于解决某一个问题的学说一出，虽无何等的拘束，但其对于立法上解释上的影响，至巨且大。譬如德法等国的法院解决某一个困难的问题，其判例的演进，大半都是学者的意见在后面支持，这是不容否认的事实。而这些学者的养成，决不是偶然的事实，大都是由于国家集中精力设置适于研究的各科环境培植出来的。回顾我国如何？国内堪称学者的有几人？而具有卓见的著作，尤其不可多见，以致学校的教授人选成问题，校本的采用成问题，乃至整个的法律教育都成问题，要皆造因乎此。我认为政府如果能创办一所或数所庞大而完备的法科研究所，或设于首都或附设于比较著名的国立大学，搜藏中外典籍，延聘海内法家，选拔大学法律系最优秀的学生，高其地位，优其待遇，使其视研究为终身的事业，假以十年二十年的工夫，中国的法律教育虽不敢断定能与诸先进国家并驱争先，亦决不致瞠乎其后。好像政府现在只注重大学的法律教育还没有注意到这个问题，前者固然应该重视，而后者是治本之策，尤其要紧，两者互相关联，互为因果，我希望教育当局能集中精力双管齐下！

六、结论

所谓建国和法治的问题，决不是表面上的文章，而是要切实的作去，改进法律教育，培植法律人材是完成建国实现法治的先决条件，尤其应该彻底，上述诸端便是做到这步工夫的基本工作，我希望政府在不久的将来，便能实现。

编后记

　　这是一本迟到的小册子。2000 年我从重庆来到成都，在四川大学法学院就读法学本科，在这里获得学士、硕士、博士学位后留校任教，到今年已经 22 年了。可能是长期从事法律史研究的缘故，我一直想为学院编写一部院史，并且组织了多位硕、博士生开展相关史料的收集整理和写作工作，但迟未能形成体系化的成品。由于院史编纂需要更多的时间和心力，短时间内难以完成，于是，我就把团队的一些前期研究成果加以汇编，以学术著作的方式先行呈现。

　　与国内其他高校情况类似，四川大学的法学教育大致经历了法政专门学校、合并成为法学院、随着学校国立化运动不断发展的三个历史阶段。法政专门学校的师资结构、学生组成、课程设计等方面都呈现出西部地方法学教育的特点，并入综合性大学后，随着学校的国立化进程和抗战情势的发展，四川大学法学教育的影响力从地方走向全国，成为当时最为重要的法律人才培养机构之一。1952 年院系调整，四川大学的法学院调整至西南人民革命大学政法部，与其他学校法学院共同成为此后西南政法大学的前身。1984 年经国家教委批准，四川大学恢复建立法律系。

通过爬梳史料，本书作者研究了四川法政学堂、公立四川大学法学院、国立四川大学法学院三个阶段的法学教育的基本情况和主要特点，并为对四川大学法学教育的创建、发展和恢复中产生了重要影响的邵从恩、胡元义、伍柳村、周应德等人做了传记，同时记录了四川大学开展女子法政教育和创办法学专业刊物的历史。本书侧重研究在近代法学教育兴起的背景下，处于国家腹地的四川大学法学教育从开创到发展再到繁荣的历程，再现了近代中国法学教育近代化的地方实践。

四川大学法学院一直重视教育史料的收集整理。在恢复建系十周年、二十周年、三十周年的时候，法学院先后编纂了《悠悠岁月》《四川大学法学院发展历程纪要》《法学院教师访谈录》等多部院史资料，得益于古立峰教授、唐磊教授、李平教授、左卫民教授、里赞教授、王斌教授等院系领导对院史的重视，法学院恢复建系后的历史进程得以较为完整的保留。本书重点厘清了1952年以前的四川大学法学教育史，为下一步编纂全面的四川大学法学院院史提供了历史素材。

在法学院恢复建系二十周年纪念册的编写说明中，有这样一段话："我们深深感到要完成好这项看似容易的任务（编写院史）是多么艰难。同时也感到此事对于将会不断发展的法学院事业会有意义。一个没有自己历史记载的法学院谈何历史久远。而这是我们每一个置身其发展过程的过客对后来者的义务。"今年，我在四川大学学习工作的时间长度就超过我之前的人生了，"四川大学法学院"这几个字也成为我一生挥之不去的烙印。时间总能冲淡很多记忆，我想我有义务为四川大学法学院的历史做些记录，给想要认识她的来者留下更多的回忆线索。

编纂这个小册子，要感谢学科团队的所有老师和硕、博士生。本书由我主编，李诗语、刘楷悦、张昊鹏任副主编。感谢里赞教授、王有粮副教授将其既有研究成果纳入本书，尤其感谢同济大学法学院陈颐教授允许收录他对胡元义的新近研究成果。本书出版承四川大学法学院"高水平教育教学改革研究项目培育计划"资助，也受到四川省"天府万人计划"和四川大学社科处"青年杰出人才培育项目"等配套经费的支持。感谢四川大学出版社的鼎力支持，感谢王冰编辑的辛勤工作，相信这本书的编写经验，会促成本书姊妹篇《法学教育现代化的地方实践》的尽快付梓。

刘昕杰

2021 年冬于成都